브랜드만족
1위
박문각

2025

9급 공무원 시험대비 **개정판**

박문각 공무원

기본서

New Trend
단기합격 길라잡이

"2025년 출제 기조 전환 독해 전영역

출제 알고리즘 완벽 분석 및 반영"

진가영 편저

등록상표 www.pmg.co.kr

진가영

영어 **단기합격 독해** All In One

수험생들에게 최고의 독해 학습서가 될

단기합격 독해 All In One ✦교재를 펴내며...

안녕하세요. 여러분들의 단기합격 길라잡이 진가영입니다.

2025년 출제 기조 전환에 따른 공무원 시험에서 영어 영역 20문제 중 총 13문제가 독해 문제로 출제될 것으로 보입니다. 따라서 독해가 차지하고 있는 비중만큼 고득점을 위해서는 반드시 독해를 정복해야 합니다.

이번 시험 출제 기조 전환에 따라 독해 문제의 출제 유형은 총 9가지 출제될 것으로 예상되고, 이 유형들에 관한 문제를 빠르고 정확하게 풀어 영어 고득점을 받기 위해서는 단순한 어휘 암기 또는 구문 해석을 넘어 **유형별로 문제를 푸는 풀이법을 배우고 체화시켜야 합니다. 즉, 독해 문제를 감으로 푸는 것이 아니라 지문에 나와 있는 답의 단서를 통해서 긴장되는 시험장 속에서 스스로 확신하고 문제를 풀 수 있도록 준비해야 합니다.**

이를 위해서는 반드시 양질의 교재를 통해 제대로 된 독해 문제 풀이법을 학습하고 적용해 보며 출제 기조 전환에서 다뤄지고 있는 모든 독해 유형의 문제들을 체계적으로 학습하는 것이 중요합니다. 하지만, 시험을 준비하시는 분들이 여러 권의 독해 교재들을 가지고 문제를 풀어도 공무원 시험에 나오는 독해 문제들을 어떻게 처리해야 할지 모르고 감으로 문제를 푸는 경우가 많아서 실질적인 영어 독해 점수 상승을 이뤄내는 데 어려움이 있는 것이 현실입니다.

따라서 여러분들의 단기합격 길라잡이로서, 현명하게 독해 만점을 대비하기 위해서 공무원 시험에 출제되는 전 영역에 대한 체계적으로 문제 풀이법을 배우고 적용해 볼 수 있는 교재가 필요하다고 생각했고 그 결과 출간하게 된 교재가 바로 **단기합격 독해** All In One ✦입니다.

이 교재가 가지는 장점은 다음과 같습니다.

- 출제 방향 및 학습 전략과 독해 문제 풀이전략을 독해 유형별로 제시해 체계적인 학습 가능
- 출제 기조 전환 예시 문제를 대표 문제로 활용하여 변화되는 시험에 대한 정확한 이해 가능
- 실제 문제의 지문에서 답의 단서 찾는 법을 Pen Checking을 통해 시각적으로 쉽게 학습 가능
- 실제 기출 문제와 흡사한 연습 문제들을 통해 배운 내용을 바로 적용 가능
- 시험에 출제될 수 있는 독해 필수 어휘들을 정리함으로써 기본적 독해 능력 향상 가능

이 교재는 공무원 시험을 준비하시는 분들이 독해지문의 구성 원리와 출제 알고리즘을 이해함으로써 독해 문제를 감으로 푸는 것이 아니라 답의 근거를 통해서 긴장되는 시험장 속에서 스스로 확신을 가지고 문제를 풀 수 있도록 정확하게 정리하는 것을 도와줄 것입니다.

여러분들이 이 질 좋은 문제들을 통해서 매일 꾸준히 연습하시고 강의와 병행하신다면 남들보다 더 빠르게 독해 점수가 오를 것이고 시험장에서 독해 100점을 받을 수 있을 것이라 자신합니다.

여러분들의 노력이 반드시 합격으로 이어지도록 현명한 길라잡이로서 더 좋은 모습으로 수업을 통해 뵙도록 하겠습니다. 🍀

Dreams come true!
꿈은 반드시 이루어진다!

진심을 다해 가르치는 영어 - 진가영

2025 출제 기조 전환

① 2025년도 출제 기조 전환 "핵심 내용"

"지식암기 위주에서 현장 직무 중심으로 9급 공무원 시험의 출제 기조가 바뀐다"

인사혁신처가 출제하는 9급 공무원 시험 국어·영어 과목의 출제 기조가 2025년부터 전면 전환됩니다. 인사혁신처 처장은 '2023년 업무보고'에서 발표했던 인사처가 출제하는 9급 공무원 시험의 '출제 기조 전환'을 2025년부터 본격 추진한다고 밝혔습니다.

'출제 기조 전환'의 핵심내용은 지식암기 위주로 출제되고 있는 현행 9급 공무원 시험 국어·영어 과목의 출제 기조를 직무능력 중심으로 바꾸고, 민간 채용과의 호환성을 강화하는 것입니다. 현장 직무 중심의 평가를 위해 영어 과목에서는 실제 업무수행에 필요한 실용적인 영어능력을 검증하고자 합니다. 특히 영어 과목에서는 실제 활용도가 높은 어휘를 주로 물어보고 어법의 암기를 덜 요구하는 방식이고, 전자메일과 안내문 등 업무 현장에서 접할 수 있는 소재와 형식을 적극 활용한 문제들로 구성될 것으로 보입니다.

이를 바탕으로 인사혁신처는 종합적 사고력과 실용적 능력을 평가하게 되는 출제 기조 전환으로 공직에 더 적합한 인재를 선발할 수 있고, 공무원과 민간부문 채용시험 간 호환성 제고로 청년들의 시험 준비 부담이 감소되고 우수한 인재가 공직에 보다 더 지원할 것으로 기대하고 있습니다.

② 2025년 "현명한" 신경향 공무원 영어 학습 전략

신경향 어휘 학습

출제 기조 전환 전에는 유의어 유형을 많이 물어보고 단순 암기로 인하여 문제 푸는 시간 또한 절약할 수 있었습니다. 하지만 2025년 출제 기조 전환 예시문제를 보면 어휘는 빈칸 유형으로만 구성된 것으로 보아 **제시문의 맥락을 고려하고 정확한 단서를 찾은 후에 빈칸 안에 어떤 어휘가 적절한 것인지 찾는 훈련과 연습**이 반드시 필요합니다.

신경향 문법 학습

출제 기조 전환 전에는 문법 문제들이 박스형, 문장형, 영작형으로만 구성되었지만 출제 기조 전환 발표 중 일부인 민간 채용과의 호환성을 강화하는 취지로 **TOEIC, TEPS 시험에서 잘 나오는 빈칸 유형이 문법 문제로 새로 추가되었습니다.** 이런 유형들은 기존의 유형들과 확실하게 다른 접근법으로 문제를 풀어야 하므로 **문법 파트별로 체계적인 이론 정리와 더불어 다양한 문제들을 많이 풀어보고 문제 풀이 전략을 정확하고 확실하게 배워야 합니다.**

신경향 독해 학습

출제 기조 전환 전에는 1지문 1문제로 구성되고 각 선지들이 지문에 맞는지, 안 맞는지만 판단하기만 하면 되었지만 **2025년 출제 기조 전환 예시문제를 보면 독해 유형에 세트형이 2문제로 구성되어 있습니다.** 세트형이라고 난도가 더 올라갔다고 보기는 어렵지만 **다소 생소한 형식의 문제 유형이 출제되면 수험생들이 당황하기가 쉬우므로 신유형 독해 문제인 전자메일과 안내문, 홈페이지 게시글 등의 형식들에 대한 체계적인 학습을 통해 빠르고 정확하게 푸는 전략을 체화시켜야 합니다.** 이와 같은 형식으로 단일 지문으로 구성되기도 하니 특히 많은 훈련이 필요한 영역입니다.

가영쌤과 점수 수직 상승을 만들어 낸 "생생한" 수강후기

★★★★★ 2024년 일반농업직 영어 100점   **주

3번 도전 끝에 마지막이라고 생각한 시험에서 다행히도 최종합격이라는 좋은 결과를 얻을 수 있었습니다. 제가 이번 국가직에서 최종합격 할 수 있었던 이유는 진가영 선생님 덕분입니다! 이번 국가직 영어가 어렵게 출제가 되었지만 가영쌤을 믿고 따른 결과 100점이라는 성적을 거둘 수 있었습니다. 혹시라도 영어 강의 선택을 앞두고 계신 분들이 있다면 무.조.건. 진.가.영. 영.어.를 선택하시길 바랍니다! 내년에 바뀌는 시험에서도 안전하게 여러분들을 합격까지 인도해 주실 것입니다.

★★★★★ 2024년 사회복지직 영어 100점   **화

I cannot thank you enough♥ 시험을 준비하면서 나름의 소소한 목표 중 하나가 영어 시험을 잘 봐서 가영쌤한테 제가 먼저 올해 영어 잘 봤다고 연락드리는 거였는데, 드디어 그 목표를 이룰 수 있게 되어서 너무 기뻐요! 처음 박문각 와서 하프 들었을 때 3,4개 맞기도 하고 그랬던 적이 있었는데~ 쌤과 열심히 함께 달렸더니 95점이라는 이런 좋은 점수를 받았습니다. 영어는 제 발목을 잡는 과목 중 하나여서 처음부터 끝까지 긴장을 놓지 않고 제일 큰 비중을 두고 공부한 과목이었습니다. 이번 지방직에서 단어, 문법, 생활영어까지 쌤과 함께 공부했던 범위 내에서 계속 반복하며 공부했던 부분들이라 신속하고 정확하게 풀 수 있어 시간 절약을 했던 것 같아요! 다 가영쌤과 함께한 덕분이에요!

★★★★★ 2024 일반행정직 영어 100점   **선

영어 100점은 진짜 운이라고 생각했는데 선생님 만나고 나서 이게 진짜 실력으로 된다는 걸 알았어요. 단어 미친 반복으로 겨우 다 외우고 문법도 단판승 3시간 너무 좋았고 독해는 그 200제가 정말 좋았어요. 제가 국가직 영어 35분 걸려서 정말 선생님도 찾아뵙고 걱정 많이 했는데 이번 지방직은 20분 컷해서 정말 좋았어요. 언제나 감사합니다!!

★★★★★ 2024 일반행정직 영어 95점   **경

공시 시작하고 가영쌤을 만나서 영어 공부도 즐겁게 할 수 있었고 95점이라는 고득점도 해볼 수 있었고 항상 최선을 다하시는 모습을 보면서 많이 본받아야겠다 생각했습니다. 나태해질 때마다 쌤을 보면서 힘을 얻었고 앞으로도 제가 많이 존경하고 진심으로 응원할 영원한 제 1타 강사 가영쌤♥ 건강 잘 챙기시고 곧 태어날 아이와 가족들 또 주변 사람들과 행복한 순간만 앞으로 더 가득하시면 좋겠어요♥ 서울 가게 되면 인사드리러 꼭 갈게요!! 쌤이랑 함께한 시간들 항상 소중했어요♥ I cannot thank you enough♥

2025 출제 기조 전환 대비 단기합격 커리큘럼 영상

2025년
신경향(New Trend) ✦
정규 커리큘럼

합격을 위한 필수 과정

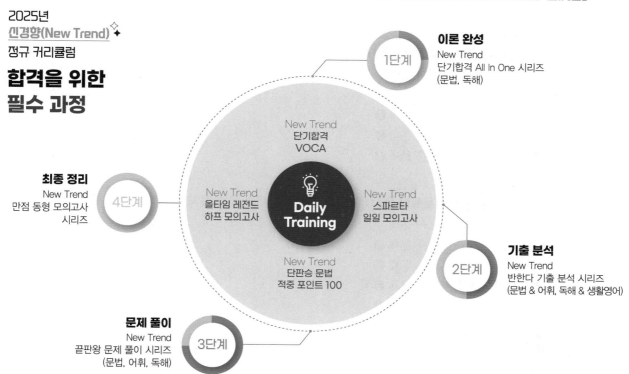

1단계
이론 완성
New Trend
단기합격 All In One 시리즈
(문법, 독해)

2단계
기출 분석
New Trend
반한다 기출 분석 시리즈
(문법 & 어휘, 독해 & 생활영어)

3단계
문제 풀이
New Trend
끝판왕 문제 풀이 시리즈
(문법, 어휘, 독해)

4단계
최종 정리
New Trend
만점 동형 모의고사
시리즈

New Trend 단기합격 VOCA

New Trend 올타임 레전드 하프 모의고사

Daily Training

New Trend 스파르타 일일 모의고사

New Trend 단판승 문법 적중 포인트 100

2025년
신경향(New Trend) ✦
보완 커리큘럼

합격을 위한 선택 과정

기초 이론
공무원 영어 시작, 입문

구문 독해
진(Real) 독해 기초 체력 다지기 / 신경향 독해 기본 실력 다지기

문풀 N제
신경향 마스터 시리즈 (독해, 문법, 어휘)

적중 특강
진(眞) 족보 마무리 특강 시리즈 (독해, 문법, 어휘, 생활영어)

New Trend
단기합격 길라잡이

진가영 영어
단기합격 독해
All In One

진가영 영어연구소 ┃ cafe.naver.com/easyenglish7

CHAPTER
01 세트형 문항 ①
전자메일[목적 & 유의어]

신경향 독해 출제 방향 및 학습 전략 _ 🗗 ✕

☑ 글의 목적을 찾는 문제는 **필자가 글을 쓴 의도**를 정확하게 파악하는 능력을 측정하는 유형으로, **전자메일 형식**을 포함한 편지글, 광고문, 기고문 등의 글이 주로 글의 목적을 파악하는 문항의 지문으로 활용될 수 있다.

☑ 글의 목적을 찾는 문제는 9급 출제 기조 전환 예시 문제를 기준으로 볼 때 **난도가 낮은 유형**에 속하며 **한 문제**출제될 것으로 예상된다.

☑ 글의 목적을 찾는 문제를 해결하기 위해서는 먼저 **주요 어휘와 글의 형식, 수신자와 발신자 등의 관계를 파악**한 후 글의 주제를 추론해 보아야 한다.

☑ 글의 목적을 찾는 문제는 일반적으로 **목적을 담고 있는 문장**이 지문에 정확하게 언급되어 있으므로 이 단서에 **따라 연관성이 떨어지는 선택지를 소거하는 방식**으로 접근한다면 빠르고 정확하게 정답을 찾을 수 있다.

☑ **역접의 연결사**가 있을 때는 필자가 글을 쓴 목적이 **그 이후**에 명확하게 제시되는 경우가 많으므로 주의가 필요하다.

☑ 글의 맥락상 적절한 어휘를 찾는 문제는 9급 출제 기조 전환 예시 문제를 기준으로 볼 때 **난도가 목적을 찾는 유형보다는 높은 유형**에 속하며 **한 문제** 출제될 것으로 예상된다.

☑ 글의 맥락상 적절한 어휘를 찾는 문제의 정답을 찾기 위해서는 **제시된 어휘의 개별적 의미와 함께 글의 맥락 속에서 의미**를 이해하는 것이 중요하다.

☑ 글의 맥락상 적절한 어휘를 추론할 때 **앞뒤 문장의 논리적인 관계에 주목하여 단서를 찾아내야 한다**는 점을 명심해야 한다.

☑ 글의 맥락상 적절한 어휘를 찾는 문제는 주로 여러 가지 뜻이 있는 **다의어**일 경우가 많으므로 **활용도가 높은 어휘 중 다의어를 정리해서 암기**하고 있는 것이 빠르고 정확하게 정답을 찾는 데 도움이 된다.

신경향 독해 문제풀이 전략 _ 🗗 ✕

📌 '목적' 유형 문제 풀이 전략

STEP 1 선택지 확인 → 내용 예측하기

STEP 2 지문 확인 → 단서(목적을 나타내는 문장) 찾기

STEP 3 단서 확인 후 선택지 분석하기 → 오답 소거 후 정답 도출

📌 '유의어' 유형 문제 풀이 전략

STEP 1 밑줄 친 어휘를 포함한 지문 해석하기

STEP 2 맥락에 맞는 정확한 뜻 확인

STEP 3 선택지 분석 → 밑줄 친 어휘의 뜻과 비슷한 선택지 고르기

[01~02] 다음 글을 읽고 물음에 답하시오.

⏰ 제한시간 2분

2025년 출제 기조 전환 예시 문제 8, 9번

	Send	Preview	Save

To	Clifton District Office
From	Rachael Beasley
Date	June 7
Subject	Excessive Noise in the Neighborhood

📎 [My PC] [Browse]

[Times New ▼] [10pt ▼] [G G G G G] [☰ ☰ ☰ ☰]

To whom it may concern,

I hope this email finds you well. I am writing to express my concern and frustration regarding the excessive noise levels in our neighborhood, specifically coming from the new sports field.

As a resident of Clifton district, I have always appreciated the peace of our community. However, the ongoing noise disturbances have significantly impacted my family's well-being and our overall quality of life. The sources of the noise include crowds cheering, players shouting, whistles, and ball impacts.

I kindly request that you look into this matter and take appropriate <u>steps</u> to address the noise disturbances. Thank you for your attention to this matter, and I appreciate your prompt response to help restore the tranquility in our neighborhood.

Sincerely,
Rachael Beasley

01 윗글의 목적으로 가장 적절한 것은?

① 체육대회 소음에 대해 주민들의 양해를 구하려고
② 새로 이사 온 이웃 주민의 소음에 대해 항의하려고
③ 인근 스포츠 시설의 소음에 대한 조치를 요청하려고
④ 밤시간 악기 연주와 같은 소음의 차단을 부탁하려고

02 밑줄 친 "steps"의 의미와 가장 가까운 것은?

① movements   ② actions
③ levels   ④ stairs

2025 출제 기조 전환 예시 문제 **분석하기**

LEVEL-UP 어휘 테스트

❶ concern _____

❷ regarding _____

❸ excessive _____

❹ district _____

❺ look into _____

❻ matter _____

❼ take steps _____

❽ address _____

❾ prompt _____

❿ tranquility _____

전체 지문 해석

수신인 : 클리프턴 구청
발신인 : Rachael Beasly
날짜 : 6월 7일
제목 : 인근의 과도한 소음

담당자분께,
이 이메일이 당신에게 잘 도착하기를 바랍니다. 저는 특히 새로운 스포츠 경기장에서 오는 우리 동네의 과도한 소음 수준에 대하여 우려와 좌절감을 표현하기 위해 글을 씁니다.

클리프턴 지역 주민으로서, 저는 항상 우리 지역 사회의 평화를 높이 평가해왔습니다. 그러나, 계속되는 소음으로 인한 방해는 우리 가족의 안녕과 우리 삶의 전반적인 질에 상당히 영향을 미치고 있습니다. 소음의 원인은 군중 응원, 선수들의 함성, 휘파람, 공의 충돌을 포함합니다.

저는 당신이 이 문제를 조사하여 소음으로 인한 방해를 해결하기 위한 적절한 <u>조치</u>를 취해 주시기를 부탁드립니다. 이 문제에 관한 당신의 관심에 감사드리며, 우리 인근의 평온을 회복하는 데 도움이 될 수 있는 신속한 대응에 감사드립니다.

진심을 담아,
Rachael Beasly

LEVEL-UP 어휘 테스트 정답

❶ concern — 관계하다, 관련되다, 걱정시키다, 염려[우려]하게 만들다, 일, 관계, 관심, 걱정, 우려

❷ regarding — ~에 대하여, ~에 관하여

❸ excessive — 과도한, 지나친

❹ district — 지역, 지방

❺ look into — ~을 조사하다, ~을 들여다 보다, 주의 깊게 살피다

❻ matter — 문제, 물질, 재료, 중요하다, 문제가 되다

❼ take steps — 조치를 취하다

❽ address — 해결하다, 다루다, 처리하다, 주소를 쓰다, 연설하다

❾ prompt — 신속한, 즉각적인, 자극하다, 촉구하다

❿ tranquility — 평온, 고요, 차분함

2025 출제 기조 전환 예시 문제 Pen Checking 확인하기

[01~02] 다음 글을 읽고 물음에 답하시오.

| Send | Preview | Save |

To	Clifton District Office
From	Rachael Beasley
Date	June 7
Subject	Excessive Noise in the Neighborhood

| My PC | Browse |

| Times New ▼ | 10pt ▼ | G G G G G | ≡ ≡ ≡ ≡ |

To whom it may concern,

[글의 주제 : 인근 스포츠 시설의 소음]

I hope this email finds you well. **I am writing** to express my concern and frustration regarding the excessive noise levels in our neighborhood, specifically coming from the new sports field.

As a resident of Clifton district, I have always appreciated the peace of our community. However, the ongoing noise disturbances have significantly impacted my family's well-being and our overall quality of life. The sources of the noise include crowds cheering, players shouting, whistles, and ball impacts.

[글을 쓴 목적 : 조치 요청] [적절한 조치를 취하다]

I kindly request that you look into this matter and **take appropriate steps** to address the noise disturbances. Thank you for your attention to this matter, and I appreciate your prompt response to help restore the tranquility in our neighborhood.

Sincerely,

Rachael Beasley

01 윗글의 목적으로 가장 적절한 것은?

① 체육대회 소음에 대해 주민들의 양해를 구하려고
② 새로 이사 온 이웃 주민의 소음에 대해 항의하려고
③ 인근 스포츠 시설의 소음에 대한 조치를 요청하려고
④ 밤저간 악기 연주와 같은 소음의 차단을 부탁하려고

[조치, 걸음, 단계, 계단]

02 밑줄 친 "steps"의 의미와 가장 가까운 것은?

① movements 움직임, 이동, 운동, 진전
② actions 조치, 움직임, 작용
③ levels 정도, 수준, 단계, 관점, 평평한
④ stairs 계단, 층계

찐팁 '조치를 취하다' take steps = take actions = take measures

2025 출제 기조 전환 적용 문제 ① 풀어보기

[03~04] 다음 글을 읽고 물음에 답하시오.

제한시간 2분

To	Transportation Management Division
From	Jane Doe
Date	May 16
Subject	Preparation of Measures for Road Repair Work

Send Preview Save

My name is Jane Doe, a resident of Greenview Apartments. I am writing to express my concern about the ongoing road repair work near our apartment complex.

In conclusion, the safety measures at the construction site are too insufficient. Fences are not properly installed, and warning signs are rarely seen, causing inconvenience to residents and passers-by, especially for children going to school. Additionally, the construction noise is especially <u>bothersome</u>.

Residents of Greenview Apartments, including me, are earnestly requesting that safety facilities be installed around the construction site for a comfortable residential environment and that measures be taken to reduce noise. We would like to inform you that possible solutions include adjusting the construction time zone to weekends when people are not working or installing high noise barriers.

I hope the construction will proceed smoothly and safely, and I look forward to a quick response to the problems that are currently occurring. Thank you for reading the long article.

Sincerely,
Jane Doe

---

03 윗글의 목적으로 가장 적절한 것은?

① 아파트와 아파트 주변 장소들의 청소를 요청하려고
② 끊긴 도로의 위험성을 알리고 도로 공사를 요청하려고
③ 도로 공사 현장에서 근무하시는 분들의 처우 개선을 요청하려고
④ 도로 공사로 인한 안전 문제와 소음 문제 해결을 요청하려고

04 밑줄 친 "bothersome"의 의미와 가장 가까운 것은?

① bitter
② annoying
③ chronic
④ distant

2025 출제 기조 전환 적용 문제 ❶ 분석하기

LEVEL-UP 어휘 테스트

❶ division _____

❷ passer-by _____

❸ construction _____

❹ install _____

❺ rarely _____

❻ earnestly _____

❼ adjust _____

❽ proceed _____

전체 지문 해석

> **수신인** : 교통운영과
> **발신인** : Jane Doe
> **날짜** : 5월 16일
> **제목** : 도로 보수 공사 대책 마련
>
> 저는 Greenview 아파트에 거주하는 Jane Doe라고 합니다. 저희 아파트 단지 인근에서 진행 중인 도로 보수 공사에 대해 우려를 표하기 위해 이 글을 씁니다.
>
> 결론부터 말씀드리자면, 건설 현장의 안전 조치가 너무나 미흡합니다. 울타리가 제대로 설치되지 않고, 경고 표지판도 거의 보이지 않아 주민과 통행인들이 불편을 겪고 있으며, 특히 등교하는 어린이들의 경우 더욱 그러합니다. 또한, 공사 소음이 특히 성가십니다.
>
> 저를 포함한 Greenview 아파트 입주민들은 쾌적한 주거환경을 위해 공사장 주변에 안전 시설을 설치하고 소음을 줄일 수 있는 조치를 취해 줄 것을 간곡히 요청드립니다. 가능한 해결책으로는 사람들이 일하지 않는 주말로 공사 시간대를 조정하거나 높은 소음 차단막을 설치하는 것이 있음을 알려드립니다.
>
> 공사가 원활하고 안전하게 진행되기를 바라며, 현재 발생하고 있는 문제에 대한 빠른 대응을 기대합니다. 긴 글을 읽어주셔서 감사합니다.
>
> 진심으로,
> Jane Doe

LEVEL-UP 어휘 테스트 정답

❶ division — (관청의) 국, 과, 분할, 나눔

❷ passer-by — 통행인, 지나가는 사람

❸ construction — 공사, 건설

❹ install — 설치하다, 설비하다

❺ rarely — 거의 ~ 하지 않는, 드물게

❻ earnestly — 간절히, 진정으로

❼ adjust — 조정하다, 적응하다

❽ proceed — 진행하다, 나아가다

2025 출제 기조 전환 적용 문제 ① Pen Checking 확인하기 ‖‖‖‖‖‖‖‖‖‖‖‖‖‖‖‖‖‖‖‖‖‖‖‖‖

[03~04] 다음 글을 읽고 물음에 답하시오.

	Send Preview Save
To	Transportation Management Division
From	Jane Doe
Date	May 16
Subject	Preparation of Measures for Road Repair Work

My PC Browse

Times New ▼ 10pt ▼ G G *G* G̶ G ≣ ≣ ≣ ≣

My name is Jane Doe, a resident of Greenview Apartments. **I am writing** to express my concern about the ongoing road repair work near our apartment complex. ↳글의 주제 : 도로 공사

In conclusion, the safety measures at the construction site are too insufficient. Fences are not properly installed, and warning signs are rarely seen, causing inconvenience to residents and passers-by, especially for children going to school. Additionally, **the construction noise is especially bothersome**.
↳글을 쓴 목적 : 안전 시설 설치 및 소음 줄이는 조치 요청   ↳공사 소음이 특히 성가시다
Residents of Greenview Apartments, including me, **are** earnestly **requesting** that safety facilities be installed around the construction site for a comfortable residential environment and that measures be taken to reduce noise. **We would like to inform you** that possible solutions include adjusting the construction time zone to weekends when people are not working or installing high noise barriers.

I hope the construction will proceed smoothly and safely, and I look forward to a quick response to the problems that are currently occurring. Thank you for reading the long article.

Sincerely,
Jane Doe

---

03 윗글의 목적으로 가장 적절한 것은?

① 아파트와 아파트 주변 장소들의 ~~청소~~를 요청하려고
② ~~끊긴 도로의 위험성을~~ 알리고 도로 공사를 요청하려고
③ 도로 공사 현장에서 ~~근무하시는 분들의~~ 처우 개선을 요청하려고
④ 도로 공사로 인한 안전 문제와 소음 문제 해결을 요청하려고

04 밑줄 친 "bothersome"의 의미와 가장 가까운 것은? ↱성가신

① bitter 맛이 쓴   ② annoying 성가신, 짜증스러운, 귀찮은
③ chronic 만성적인   ④ distant 먼, 떨어져있는

2025 출제 기조 전환 적용 문제 ❷ 풀어보기

[05~06] 다음 글을 읽고 물음에 답하시오.

제한시간 2분

Dear Principal Johnson,

My name is Emily Smith, and I am a parent of a student at Maplewood Elementary School. Before we get to the point, I would like to express my <u>gratitude</u> for your efforts in education. However, I am writing to express my unease about the ongoing after-school learning program.

First of all, the types and diversity of programs offered are very limited. If the program is expanded, students will have the opportunity to grow and learn and experience more outside of regular class hours. It is also concerning that these programs do not have proper management and guidance. In particular, in the language program, after students watch the video, no feedback or follow-up activities related to the video are provided.

I believe that if more diverse programs are provided, after-school activities will be more effective and help students a lot. We hope that schools will take these concerns into account and take measures to improve the situation, so that there will be changes.

Sincerely,
Emily Smith

---

05 윗글의 목적으로 가장 적절한 것은?

① 학교의 방과 후 학습 프로그램의 폐지를 요구하려고
② 학교 교육에 대한 감사와 만족을 표현하려고
③ 학교의 방과 후 학습 프로그램에 대한 개선을 요청하려고
④ 다양한 학습 프로그램의 비용 조정을 제안하려고

06 밑줄 친 "gratitude"의 의미와 가장 가까운 것은?

① disposition   ② gratification
③ compliance   ④ appreciation

2025 출제 기조 전환 적용 문제 ❷ 분석하기 ✎

LEVEL-UP 어휘 테스트

❶ express _____ ❹ diversity _____

❷ get to the point _____ ❺ proper _____

❸ unease _____ ❻ take into account _____

전체 지문 해석

> **수신인**: Johnson
> **발신인**: Emily Smith
> **날짜**: 3월 16일
> **제목**: 학습 프로그램
>
> 존경하는 Johnson 교장선생님께,
>
> 제 이름은 Emily Smith이며, Maplewood 초등학교 학생의 학부모입니다. 본론으로 들어가기 전에 교육을 위해 애써주신 여러분께 감사의 말씀을 드립니다. 다만, 현재 진행 중인 방과 후 학교 학습 프로그램에 대한 우려를 표하고자 글을 씁니다.
>
> 우선 제공되는 프로그램의 종류와 다양성이 매우 제한적입니다. 프로그램이 확대된다면, 학생들은 정규 수업 시간 외에 더 성장하고 배우고 경험할 수 있는 기회를 갖게 될 것입니다. 또한 이러한 프로그램이 적절한 관리와 가이드라인을 가지고 있지 않다는 점 또한 우려됩니다. 특히, 언어 프로그램에서는 학생들이 영상을 시청한 후에는 영상과 관련된 피드백이나 후속 활동이 제공되지 않습니다.
>
> 더욱 다양한 프로그램이 제공되면 방과 후 학교 활동이 더욱 효과적이고 학생들에게 많은 도움이 될 것이라 믿습니다. 학교에서도 이러한 우려를 감안하여 상황을 개선할 수 있는 조치를 취해 변화가 있기를 바랍니다.
>
> 진심으로,
> Emily Smith

LEVEL-UP 어휘 테스트 정답

❶ express — 표현하다, 나타내다, 급행의, 신속한 ❹ diversity — 다양성, 포괄성

❷ get to the point — 본론으로 들어가다, 요점을 언급하다 ❺ proper — 적절한, 제대로 된, 올바른

❸ unease — 우려, 불안 ❻ take into account — ~을 고려하다, 참작하다

2025 출제 기조 전환 적용 문제 ❷ Pen Checking 확인하기

[05~06] 다음 글을 읽고 물음에 답하시오.

Send   Preview   Save

To	Johnson
From	Emily Smith
Date	March 16
Subject	Learning Program

My PC   Browse

Times New ▼ 10pt ▼ G G G G G

Dear Principal Johnson,

My name is Emily Smith, and I am a parent of a student at Maplewood Elementary School. Before we get to the point, I would like to express my **gratitude for your efforts in education**. However, **I am writing** to express my unease about the ongoing after-school learning program. ↳ 교육을 위한 여러분의 노력에 감사

↳ 글의 주제 : 방과 후 프로그램

First of all, the types and diversity of programs offered are very limited. If the program is expanded, students will have the opportunity to grow and learn and experience more outside of regular class hours. It is also concerning that these programs do not have proper management and guidance. In particular, in the language program, after students watch the video, no feedback or follow-up activities related to the video are provided.

I believe that if more diverse programs are provided, after-school activities will be more effective and help students a lot. **We hope** that schools will take these concerns into account and take measures to improve the situation, so that there will be changes. ↳ 글을 쓴 목적 : 방과 후 프로그램 개선을 위한 조치 요청

Sincerely,
Emily Smith

---

05 윗글의 목적으로 가장 적절한 것은?

① 학교의 방과 후 학습 프로그램의 폐지를 요구하려고
② 학교 교육에 대한 감사와 만족을 표현하려고
③ 학교의 방과 후 학습 프로그램에 대한 개선을 요청하려고
④ 다양한 학습 프로그램의 비용 조정을 제안하려고

06 밑줄 친 "**gratitude**"의 의미와 가장 가까운 것은?
↗ 감사, 사의

① disposition 기질, 성향, 배치, 배열   ② gratification 만족감, 기쁨
③ compliance 따름, 승낙, 응낙   ④ appreciation 감상, 감사, 평가

2025 출제 기조 전환 적용 문제 ❸ 풀어보기

[07~08] 다음 글을 읽고 물음에 답하시오.

제한시간 2분

	Send Preview Save
To	the National Contemporary Dance Company
From	Alex Turner
Date	September 26
Subject	the Modern Art Awards Performance

📎 [My PC] [Browse]

[Times New ▼] [10pt ▼] G G G G G

Dear the National Contemporary Dance Company

I hope this message gets across to you well. I am Alex Turner, the event coordinator for the Modern Art Awards. We are very happy that the annual award shows can contribute greatly to contemporary art.

I'm excited to invite the National Contemporary Dance Company to this year's event. I think your extraordinary talent and beautiful performance can bring about the creativity and modernity of the event we host. We would be honored if your dance could add a memorable element to our event. The event will take place on December 10, 2025 at the Metropolitan Arts Center. We are aware of the group's busy schedule and are ready to accommodate its requirements as much as possible, including transportation and accommodation costs for large numbers of people.

If you have any questions or need to discuss in this regard, we can make a phone call or video conference. We sincerely ask you to consider our request. We look forward to the collaboration between contemporary art and contemporary dance.

Warmest regards,
Event Coordinator, Alex Turner

---

07 윗글의 목적으로 가장 적절한 것은?

① 현대 무용단의 번영과 고취를 응원하려고
② 현대 미술 시상식 행사에 현대 무용단의 공연을 요청하려고
③ 현대 미술 행사에 대한 정보를 요구하려고
④ 현대 무용단의 공연 일정을 확인하려고

08 밑줄 친 "extraordinary"의 의미와 가장 가까운 것은?

① ordinary ② extensive
③ remarkable ④ mandatory

2025 출제 기조 전환 적용 문제 ❸ 분석하기

LEVEL-UP 어휘 테스트

❶ get across to _____

❷ contemporary _____

❸ creativity _____

❹ modernity _____

❺ element _____

❻ accommodate _____

❼ transportation _____

❽ audience _____

❾ conference _____

❿ collaboration _____

전체 지문 해석

수신인 : contact@hybecorp.com
발신인 : Alex Turner
날짜 : 9월 26일
제목 : 현대 미술 시상식 공연

국립 현대 무용단에게,

이 메시지가 여러분에게 잘 전달되기를 바랍니다. 저는 현대 미술 시상식 행사 기획자 Alex Turner입니다. 우리는 매년 열리는 시상식이 현대 미술에 큰 기여를 할 수 있어서 매우 기쁩니다.

올해 행사에 국립 현대 무용단을 초대하게 되어 기쁩니다. 여러분의 비범한 재능과 아름다운 공연이 우리가 주최하는 행사의 창의성과 현대성을 가져올 수 있다고 생각합니다. 여러분의 무용이 저희 행사에 기억에 남는 요소를 더할 수 있다면 영광일 것입니다. 행사는 2025년 12월 10일 Metropolitan Arts Center에서 열릴 예정입니다. 우리는 그룹의 바쁜 일정을 알고 있으며 대규모 인원의 교통비와 숙박 비용을 포함하여 요구 사항을 최대한 수용할 준비가 되어 있습니다.

이와 관련하여 궁금한 점이나 논의해야 할 사항이 있으시면 전화나 화상 회의를 할 수 있습니다. 우리의 요청을 고려해 주시기를 간곡히 부탁드립니다. 현대 미술과 현대 무용의 협업을 기대합니다.

따뜻한 안부 전합니다,
행사 기획자, Alex Turner

LEVEL-UP 어휘 테스트 정답

❶ get across to   ~에게 전달되다, 이해되다

❷ contemporary   현대의, 당대의, 동시대의

❸ creativity   창의성, 독창성

❹ modernity   현대성, 근대성

❺ element   요소, 성분, 부류

❻ accommodate   수용하다, 숙박시키다, 적응시키다

❼ transportation   교통, 수송, 운송

❽ audience   관중, 청중, 시청자

❾ conference   회의, 회담, 협회

❿ collaboration   협업, 공동 작업

2025 출제 기조 전환 적용 문제 ❸ Pen Checking 확인하기

[07~08] 다음 글을 읽고 물음에 답하시오.

	Send Preview Save
To	the National Contemporary Dance Company
From	Alex Turner
Date	September 26
Subject	the Modern Art Awards Performance

My PC   Browse

Times New ▼ 10pt ▼ G G G G̶ G ≡ ≡ ≡ ≡

Dear the National Contemporary Dance Company

I hope this message gets across to you well. I am Alex Turner, the event coordinator for the Modern Art Awards. We are very happy that the annual award shows can contribute greatly to contemporary art.
↱ 글의 주제 : 국립 현대 무용단 초대
I'm excited to invite the National Contemporary Dance Company to this year's event. I think **your extraordinary talent and beautiful performance** can bring about the creativity and modernity of the event we host. We would be honored if your dance could add a memorable element to our event. The event will take place on December 10, 2025 at the Metropolitan Arts Center. We are aware of the group's busy schedule and are ready to accommodate its requirements as much as possible, including transportation and accommodation costs for large numbers of people.
↳비범한 재능과 아름다운 공연
If you have any questions or need to discuss in this regard, we can make a phone call or video conference. **We sincerely ask** you to consider our request. We look forward to the collaboration between contemporary art and contemporary dance. *↳ 글을 쓴 목적 : (초대) 요청 고려*

Warmest regards,
Event Coordinator, Alex Turner

---

07 윗글의 목적으로 가장 적절한 것은?

① 현대 무용단의 번영과 고취를 응원하려고
② 현대 미술 시상식 행사에 현대 무용단의 공연을 요청하려고
③ 현대 미술 행사에 대한 정보를 요구하려고
④ 현대 무용단의 공연 일정을 확인하려고

08 밑줄 친 "extraordinary"의 의미와 가장 가까운 것은?
↱비범한, 비상한, 기이한

① ordinary 보통의, 평범한   ② extensive 넓은, 광범위한
③ remarkable 비범한, 주목할 만한   ④ mandatory 명령의, 의무적인

2025 출제 기조 전환 적용 문제 ❹ 풀어보기

[09~10] 다음 글을 읽고 물음에 답하시오.

⏱ 제한시간 2분

Dear Future Aviators,

The registration period for our summer flight camp will begin! This is a special program for college students who are passionate about aviation and dream of becoming a future aviator.

The program's contents are as follows.
1. **Duration** : from July 15th to August 5th.
2. **Location** : At Sky High Aviation Academy, 4500 Cloud Way, Springfield
3. **Registration Fee** : $1,500 <u>covers</u> everything - instructional materials, simulator sessions, and real flight time.
4. **Gear Provided** : We provide headsets, flight suits, and navigation tools.

This flight camp is the beginning of the aviation world, and it will not only provide hands-on training for experienced pilots, but also provide a venue for exchanges with flight-related workers. There is a limited number of people who can register for the camp, so please visit our website and register as soon as possible.

If you have any questions, please email info@skyhighacademy.com. Let's make unforgettable memories!

Best wishes,
The Sky High Aviation Academy Team

09 윗글의 목적으로 가장 적절한 것은?
① 대학생들에게 여름 항공 캠프에 등록하도록 권장하려고
② 여름 항공 캠프의 내용을 확인하려고
③ 대학생들에게 여름 항공 캠프의 위치를 안내하려고
④ 여름 항공 캠프의 강사들을 소개하려고

10 밑줄 친 "covers"의 의미와 가장 가까운 것은?
① includes
② conceals
③ reports
④ substitutes

2025 출제 기조 전환 적용 문제 ❹ 분석하기

LEVEL-UP 어휘 테스트

❶ aviator _____

❷ registration _____

❸ college _____

❹ duration _____

❺ instructional _____

❻ beginning _____

❼ venue _____

❽ register _____

전체 지문 해석

수신인 : 미래의 비행사분들
발신인 : The Sky High Aviation Academy Team
날짜 : 7월 10일
제목 : 여름 비행 캠프

미래의 비행사분들께,

여름 비행 캠프 등록 기간이 시작됩니다! 이것은 항공에 대한 열정과 미래의 비행사를 꿈꾸는 대학생들을 위한 특별한 프로그램입니다.

프로그램의 내용은 다음과 같습니다.
1. 기간 : 7월 15일부터 8월 5일까지
2. 장소 : Sky High Aviation Academy, Springfield, Cloud Way 4500번지
3. 등록비 : 1,500달러는 교육 자료, 시뮬레이터 세션, 실제 비행 시간 등 모든 것이 <u>포함됩니다.</u>
4. 제공 장비 : 헤드셋, 비행복, 내비게이션 도구를 제공합니다.

이번 비행 캠프는 항공 세계의 시작이며 경험이 풍부한 비행사들의 실습 교육뿐만 아니라 비행관련 종사자들과의 교류의 장도 펼쳐질 예정입니다. 캠프 등록이 가능한 인원이 한정되어 있으니 저희 웹사이트를 방문하셔서 빠른 시일 내에 등록해 주시기 바랍니다.

질문이 있으시면 info@skyhighacademy.com으로 이메일을 보내주세요. 잊지 못할 추억을 만들어봅시다!

최고의 소망을 담아,
The Sky High Aviation Academy Team

LEVEL-UP 어휘 테스트 정답

❶ aviator — 비행사

❷ registration — 등록, 신고

❸ college — 대학(교)

❹ duration — 기간, 지속

❺ instructional — 교육용의

❻ beginning — 시작, 출발, 초반

❼ venue — (콘서트 · 스포츠 경기 · 회담 등의) 장소

❽ register — 등록하다, 기재하다, 신고하다, 등록, 기록

2025 출제 기조 전환 적용 문제 ④ Pen Checking 확인하기

[09~10] 다음 글을 읽고 물음에 답하시오.

To Future Aviators
From The Sky High Aviation Academy Team
Date July 10
Subject Summer Flight Camp

[My PC] [Browse]

[Times New ▼] [10pt ▼] G G *G* G G

Dear Future Aviators,

↗글의 주제 : 여름 항공 캠프
The registration period for our summer flight camp **will begin**! This is a special program for college students who are passionate about aviation and dream of becoming a future aviator.

The program's contents are as follows.
1. **Duration** : from July 15th to August 5th.
2. **Location** : At Sky High Aviation Academy, 4500 Cloud Way, Springfield
3. **Registration Fee** : **$1,500 covers everything** - instructional materials, simulator sessions, and real flight time.
↘1500달러에는 모든 것이 포함된다
4. **Gear Provided** : We provide headsets, flight suits, and navigation tools.

This flight camp is the beginning of the aviation world, and it will not only provide hands-on training for experienced pilots, but also provide a venue for exchanges with flight-related workers. There is a limited number of people who can register for the camp, **so please** visit our website and register as soon as possible.
↘글을 쓴 목적 : 등록 권장

If you have any questions, please email info@skyhighacademy.com. Let's make unforgettable memories!

Best wishes,
The Sky High Aviation Academy Team

---

09 윗글의 목적으로 가장 적절한 것은?
① 대학생들에게 여름 항공 캠프에 등록하도록 권장하려고
② 여름 항공 캠프의 내용을 확인하려고
③ 대학생들에게 여름 항공 캠프의 위치를 안내하려고
④ 여름 항공 캠프의 강사들을 소개하려고
↗덮다, 가리다, 포함하다, 보도하다

10 밑줄 친 "covers"의 의미와 가장 가까운 것은?
① includes 포함하다
② conceals 숨기다, 감추다
③ reports 보도하다
④ substitutes 대체하다, 대신하다

New Trend
단기합격 길라잡이

진가영 영어
단기합격 독해
All In One

진가영 영어연구소 | cafe.naver.com/easyenglish7

세트형 문항 ②

안내문
[제목 & 세부 정보 파악]

CHAPTER 02
세트형 문항 ②
안내문[제목 & 세부 정보 파악]

신경향 독해 출제 방향 및 학습 전략 _ ☐ ✕

☑ 글의 제목을 찾는 문제는 주어진 지문을 읽고 전체적인 **주제와 요지**를 파악한 뒤 **핵심 내용을 대표할 수 있는 제목**을 도출해내는 능력을 측정하는 문항이다.

☑ 글의 제목을 찾는 문제는 9급 출제 기조 전환 예시 문제를 기준으로 볼 때 **난도가 낮거나 중간인 유형**에 속하며 **한 문제** 출제될 것으로 예상된다.

☑ 글의 제목을 찾는 문제는 글의 핵심 내용을 제목으로 그대로 제시하는 경우도 있지만, 함축적이거나 은유적으로 또는 의문문이나 명령문 등의 다양한 형태로 제목을 제시하는 경우도 있기 때문에 **너무 지엽적이거나 일반적이지 않으면서 글 전체의 내용을 포괄하는 선택지**를 제목으로 고를 수 있어야 한다.

☑ 글의 세부 정보 파악 유형은 글의 내용을 **구체적인 사항에 초점**을 맞추어 이해하고, **직접적으로 제시된 내용을** 정확하게 파악하는 능력을 측정하는 문항이다.

☑ 글의 세부 정보 파악 유형 중 내용 불일치를 물어보는 문제는 9급 출제 기조 전환 예시 문제를 기준으로 볼 때 **난도가 낮거나 중간인 유형**에 속하며 **두 문제** 출제될 것으로 예상된다.

☑ 글의 세부 정보 파악 유형은 글 추론에 의해 내용을 유추하는 것이 아니라, **글에 명시적으로 제시된 내용에 대한 사실적 이해에 근거하여 선택지와의 일치 여부를 판단**해야 한다는 점에 유의한다.

신경향 독해 문제풀이 전략 _ ☐ ✕

'제목' 유형 문제 풀이 전략

STEP ① 선택지 확인 → 내용 예측하기

STEP ② 지문 확인 → 주제문 찾기

STEP ③ 단서 확인 후 선택지 분석하기 → 오답 소거 후 정답 도출

'세부 정보 파악' 유형 문제 풀이 전략

STEP ① 선택지 확인 → 고유한 어휘를 확인하기

STEP ② 지문 확인 → 고유한 어휘를 기준으로 선택지에 해당하는 정보를 지문에서 찾기

STEP ③ 선택지 분석 → 오답 소거 후 정답 도출

2025 출제 기조 전환 예시 문제 **풀어보기**

[01~02] 다음 글을 읽고 물음에 답하시오. ⏱ 제한시간 2분

2025년 출제 기조 전환 예시 문제 10, 11번

(A)

We're pleased to announce the upcoming City Harbour Festival, an annual event that brings our diverse community together to celebrate our shared heritage, culture, and local talent. Mark your calendars and join us for an exciting weekend!

Details
- **Dates** : Friday, June 16 − Sunday, June 18
- **Times** : 10 : 00 a.m. − 8 : 00 p.m. (Friday & Saturday)
  10 : 00 a.m. − 6 : 00 p.m. (Sunday)
- **Location** : City Harbour Park, Main Street, and surrounding areas

Highlights
- **Live Performances**

  Enjoy a variety of live music, dance, and theatrical performances on multiple stages throughout the festival grounds.
- **Food Trucks**

  Have a feast with a wide selection of food trucks offering diverse and delicious cuisines, as well as free sample tastings.

For the full schedule of events and activities, please visit our website at www.cityharbourfestival.org or contact the Festival Office at (552) 234-5678.

01 (A)에 들어갈 윗글의 제목으로 가장 적절한 것은?

① Make Safety Regulations for Your Community
② Celebrate Our Vibrant Community Events
③ Plan Your Exciting Maritime Experience
④ Recreate Our City's Heritage

02 City Harbour Festival에 관한 윗글의 내용과 일치하지 않는 것은?

① 일 년에 한 번 개최된다.
② 일요일에는 오후 6시까지 열린다.
③ 주요 행사로 무료 요리 강습이 진행된다.
④ 웹사이트나 전화 문의를 통해 행사 일정을 알 수 있다.

2025 출제 기조 전환 예시 문제 분석하기

LEVEL-UP 어휘 테스트

❶ vibrant _____

❷ upcoming _____

❸ bring together _____

❹ heritage _____

❺ a variety of _____

❻ throughout _____

❼ feast _____

❽ cuisine _____

전체 지문 해석

우리의 활기찬 지역사회 행사를 축하하세요

우리는 우리의 공유된 유산, 문화, 그리고 지역 재능을 기념하기 위해 우리의 다양한 지역 사회를 화합하게 하는 연례행사인 곧 있을 City Harbour Festival을 발표하게 되어 기쁩니다. 여러분의 달력에 표시하고 신나는 주말에 우리와 함께 하세요!

세부 사항
• 날짜 : 6월 16일, 금요일 - 6월 18일, 일요일
• 시간 : 오전 10 : 00 - 오후 8 : 00 (금, 토)
　　　　오전 10 : 00 - 오후 6 : 00 (일)
• 장소 : City Harbour 공원, 시내 중심가, 주변 지역

하이라이트
• 라이브 공연
　축제장 곳곳에 다수의 무대에서 다양한 라이브 음악, 춤, 그리고 연극 공연을 즐기세요.
• 푸드 트럭
　무료 시식뿐만 아니라 다양하고 맛있는 요리를 제공하는 다양한 푸드 트럭과 함께 잔치를 즐기세요.

행사 및 활동의 전체 일정은 당사 웹사이트 www.cityharbourfestival.org를 방문하거나 축제사무소인 (552) 234-5678로 연락 주세요.

LEVEL-UP 어휘 테스트 정답

❶ vibrant	활기찬, 생기가 넘치는, 강렬한, 선명한	❺ a variety of	다양한, 여러 가지의
❷ upcoming	곧 있을, 다가오는	❻ throughout	곳곳에, 도처에, ~동안, ~내내
❸ bring together	화합하게 하다, 모으다, 화해시키다	❼ feast	잔치, 연회, 축제일, 포식하다
❹ heritage	유산, 전승, 전통	❽ cuisine	요리, 요리법

2025 출제 기조 전환 예시 문제 Pen Checking 확인하기

[01~02] 다음 글을 읽고 물음에 답하시오.

(A)

↗글의 주제: City Harbour Festival   ↗① 단서: 내용 일치

We're pleased to announce the upcoming City Harbour Festival, **an annual event** that brings our diverse community together to celebrate our shared heritage, culture, and local talent. **Mark** your calendars and **join** us for an exciting weekend!

↘글의 주제: 행사 참여

Details
- **Dates** : Friday, June 16 − Sunday, June 18
- **Times** : 10 : 00 a.m. − 8 : 00 p.m. (Friday & Saturday)
  10 : 00 a.m. − **6 : 00 p.m. (Sunday)** – ② 단서: 내용 일치
- **Location** : City Harbour Park, Main Street, and surrounding areas

Highlights
- **Live Performances**

  Enjoy a variety of live music, dance, and theatrical performances on multiple stages throughout the festival grounds.

- **Food Trucks**

  Have a feast with a wide selection of food trucks offering diverse and delicious cuisines, as well as **free sample tastings**. – ③ 단서: 내용 불일치

For the full schedule of events and activities, please visit our website at www.cityharbourfestival.org or contact the Festival Office at (552) 234-5678.

↘④ 단서: 내용 일치

---

01   (A)에 들어갈 윗글의 제목으로 가장 적절한 것은?

① Make Safety Regulations for Your Community 당신의 지역 사회를 위한 안전 규정을 만드세요
② Celebrate Our Vibrant Community Events 우리의 활기찬 지역 사회 행사를 축하하세요
③ Plan Your Exciting Maritime Experience 당신의 신나는 해양 체험을 계획하세요
④ Recreate Our City's Heritage 우리의 도시 유산을 재현하세요

02   City Harbour Festival에 관한 윗글의 내용과 일치하지 않는 것은?

① 일 년에 한 번 개최된다.
② 일요일에는 오후 6시까지 열린다.
③ 주요 행사로 무료 요리 강습이 진행된다. → 무료 시식
④ 웹사이트나 전화 문의를 통해 행사 일정을 알 수 있다.

2025 출제 기조 전환 적용 문제 ① 풀어보기

[03~04] 다음 글을 읽고 물음에 답하시오.

제한시간 2분

(A)

To begin with, I want to express my gratitude to the students who diligently study every day and consistently adhere to the rules. After the remodeling of the dormitory, I would like to inform you of the following guidelines to help ensure a more comfortable and clean living environment in our shared space.

1. In the whole dormitory
- Always close the doorway and each door and never open the door to others.
- Observe the 'quiet time' during which all noise must be kept to a minimum.

2. In the dormitory room
- Visitors and outsiders are never allowed inside the room. They can only meet in public spaces, and overnight stays are not allowed.
- Bringing food into the rooms is not allowed. Cooking is especially prohibited.
- Please make sure to lock the door if you leave to prevent theft or loss of valuables.
- Rearranging or removing furniture without prior approval is prohibited.

3. In the Laundry room
- The laundry room is located next to the elevator on each floor.
- Laundry should be done between 9 a.m. and 9 p.m.
- When the washing is complete, take the laundry out immediately and leave the washing machine open at all times for use by the next person.

For more information, please contact the dormitory manager, not the school administration office.

---

03 (A)에 들어갈 윗글의 제목으로 가장 적절한 것은?

① Check Out the Residential Environment You'll be Staying in
② Follow the Rules Listed for Everyone
③ Check the Security Device to Prevent Stolen Goods
④ Let me Know What You Need for Comfortable Space

04 dormitory에 관한 윗글의 내용과 일치하는 것은?

① 현재 리모델링 공사를 진행 중이다.
② 소음을 적당하게 유지하는 '조용한 시간'이 있다.
③ 각 방에는 부모님도 출입할 수 없다.
④ 세탁실 이용 시간에는 제한이 없다.

2025 출제 기조 전환 적용 문제 ❶ 분석하기

LEVEL-UP 어휘 테스트

❶ dormitory _____

❷ doorway _____

❸ valuables _____

❹ rearrange _____

❺ approval _____

❻ administration _____

전체 지문 해석

모든 사람을 위해 나열된 규칙들을 따르세요

먼저 매일 부지런히 공부하며 규칙을 꾸준히 지키는 학생들에게 감사의 말씀을 전하고 싶습니다. 기숙사 리모델링 후 우리 공유공간에서 더 편안하고 깨끗한 생활환경을 확보할 수 있도록 아래와 같이 지침을 안내해 드리고자 합니다.

1. 기숙사 전체
• 출입구와 각 문을 항상 닫고 다른 사람에게 절대 문을 열지 마십시오.
• 모든 소음을 최소화해야 하는 '조용한 시간'을 준수하십시오.

2. 방
• 방문객과 외부인은 방 안에 출입은 절대 허용되지 않습니다. 그들은 공용 공간에서만 만날 수 있고, 하룻밤 묵는 것은 허용되지 않습니다.
• 음식물을 방 안에 반입하는 것은 허용되지 않습니다. 특히 요리는 금지합니다.
• 도난이나 귀중품 분실 등을 방지하기 위해 출타할 경우 반드시 문을 잠가 주시기 바랍니다.
• 사전 승인 없이 가구를 재배치하거나 치우는 것은 금지합니다.

3. 세탁실
• 세탁실은 각 층 엘리베이터 옆에 있습니다.
• 세탁은 오전 9시에서 오후 9시 사이에 해야 합니다.
• 세탁이 완료되면 즉시 세탁물을 꺼내시고 세탁기는 다음 사람이 사용할 수 있도록 항상 열어 두십시오.

자세한 사항은 학교 행정실이 아닌 기숙사 관리자에게 문의하시기 바랍니다.

LEVEL-UP 어휘 테스트 | 정답

❶ dormitory 기숙사, 공동 침실

❷ doorway 출입구

❸ valuables 귀중품

❹ rearrange 재배치하다, 재배열하다, 바꾸다

❺ approval 승인, 찬성, 인정

❻ administration 행정, 관리, 집행

2025 출제 기조 전환 적용 문제 ❶ Pen Checking 확인하기 ||||||||||||||||||||||||||||||||||||||

[03~04] 다음 글을 읽고 물음에 답하시오.

(A)

↪글의 주제 : 규칙 준수

To begin with, **I want to express my gratitude** to the students who diligently study every day and consistently adhere to the rules. **After the remodeling of the dormitory, I would like to** inform you of the following guidelines to help ensure a more comfortable and clean living environment in our shared space.

↪① 단서 : 내용 불일치

↪글의 주제 : 가이드라인 안내

1. In the whole dormitory
   • Always close the doorway and each door and never open the door to others.
   • Observe **the 'quiet time' during which all noise must be kept to a minimum.**

↪② 단서 : 내용 불일치

2. In the dormitory room
   • **Visitors and outsiders are never allowed inside the room.** They can only meet in public spaces, and overnight stays are not allowed.

↪③ 단서 : 내용 일치

   • Bringing food into the rooms is not allowed. Cooking is especially prohibited.
   • Please make sure to lock the door if you leave to prevent theft or loss of valuables.
   • Rearranging or removing furniture without prior approval is prohibited.
3. In the Laundry room
   • The laundry room is located next to the elevator on each floor.
   • **Laundry should be done between 9 a.m. and 9 p.m.** — ④ 단서 : 내용 불일치
   • When the washing is complete, take the laundry out immediately and leave the washing machine open at all times for use by the next person.

For more information, please contact the dormitory manager, not the school administration office.

---

03 (A)에 들어갈 윗글의 제목으로 가장 적절한 것은?

① Check Out the ~~Residential Environment~~ You'll be Staying in
당신이 머물게 될 주거 환경을 확인하세요.

② Follow the Rules Listed for Everyone
모든 사람을 위해 나열된 규칙들을 따르세요.

③ Check the ~~Security Device~~ to Prevent Stolen Goods
도난 방지를 위해 보안 장치를 확인하세요.

④ Let me Know What You Need for ~~Comfortable Space~~
편안한 공간을 위해 필요한 것을 알려주세요.

04 dormitory에 관한 윗글의 내용과 일치하는 것은?

① 현재 리모델링 공사를 ~~진행 중이다~~. → 리모델링 공사 후
② 소음을 ~~적당하게~~ 유지하는 '조용한 시간'이 있다. → 소음 최소화
③ 각 방에는 부모님도 출입할 수 없다.
④ 세탁실 이용 시간에는 제한이 ~~없다~~. → 오전 9시에서 오후 9시 사이 이용

2025 출제 기조 전환 적용 문제 ❷ 풀어보기

[05~06] 다음 글을 읽고 물음에 답하시오.

⏱ 제한시간 2분

(A)

The Seoul Cultural Center is delighted to announce the hosting of a "Essay Writing Workshop" aimed at laying the foundation for anyone interested in essays. After the theory class, there are also practical training sessions based on various topics, so participants can try what they have learned right away.

The workshop is open to high school and college students for free, while a participation fee of 20,000 won is applicable for other adults. Snacks will be provided during the workshop, and the best-received participants will be presented with a collection of works by renowned Korean essayist. Moreover, a professor from the Department of Korean Literature at Seoul National University will grace the workshop as the inaugural lecturer.

Details
• **Date and Time** : July 4th, from 2 p.m. to 6 p.m.
• **Location** : Small Auditorium 2, Seoul Cultural Center

We invite all those interested in laying the groundwork for their poetry creation journey to pre-register via the Seoul Cultural Center's website. We look forward to your participation and the opportunity to explore the beauty of poetry together.

---

05 (A)에 들어갈 윗글의 제목으로 가장 적절한 것은?

① Learn How to Write Essays
② Join the Essay Writing Competition
③ Understand and Practice Korean Literature
④ Enjoy Everyting in Creative Writing

06 Essay Writing Workshop에 관한 윗글의 내용과 일치하지 않는 것은?

① 고등학생과 대학생은 참가비가 무료이다.
② 참가자 전원에게 유명 수필가들의 작품집이 제공된다.
③ 워크숍에서는 이론 수업 후 실습 시간이 마련되어 있다.
④ 첫 번째 강사는 서울대 국문학과 교수이다.

2025 출제 기조 전환 적용 문제 ❷ 분석하기 ||||||||||||||||||||||||||||||||||||||||||||||||||||||

LEVEL-UP 어휘 테스트

❶ delighted _____
❷ session _____
❸ foundation _____
❹ theoretical _____
❺ applicable _____

❻ renowned _____
❼ grace _____
❽ inaugural _____
❾ auditorium _____
❿ groundwork _____

전체 지문 해석

에세이 쓰는 방법을 배우세요

서울 문화 센터에서는 에세이에 관심 있는 사람이라면 누구나 참여할 수 있는 기반을 마련하기 위한 '에세이 쓰기 워크숍' 개최를 발표하게 되어 기쁘게 생각합니다. 이론 수업 후에는 다양한 주제를 바탕으로 한 실습 수업도 진행되어 참가자들은 배운 것을 바로 시도해 볼 수 있습니다.

워크숍은 고등학생과 대학생에게는 무료로 열려 있으며, 그 외 성인들은 참가비 20,000원이 적용됩니다. 워크숍 기간 동안에는 간식이 제공되며, 우수한 평가를 받은 참가자에게는 한국의 유명한 수필가들의 작품집이 상품으로 수여됩니다. 또한, 서울 대학교 국문학과 교수님이 첫 강사로 워크숍을 빛내 주실 예정입니다.

세부 사항
• **날짜 및 시간**: 7월 4일, 오후 2시부터 오후 6시
• **장소**: 서울시 문화센터 소강당 201호

시 창작 여정의 준비 작업를 마련하는 데 관심이 있는 모든 분들은 서울 문화 센터 웹사이트를 통해 사전 등록하시기 바랍니다. 우리는 당신의 참여와 함께 시의 아름다움을 탐구할 기회를 가질 수 있기를 기대하고 있습니다.

LEVEL-UP 어휘 테스트 정답

❶ delighted — 기쁜, 기뻐하는
❷ session — 수업[시간], 기간
❸ foundation — 기반, 근거, 토대, 기초
❹ theoretical — 이론의, 이론적인
❺ applicable — 해당되는, 적용되는

❻ renowned — 유명한, 명성 있는
❼ grace — ~을 빛내다, 우아, 품위
❽ inaugural — 첫, 취임의, 개회의
❾ auditorium — 강당, 객석
❿ groundwork — 준비 작업, 기초 작업

[05~06] 다음 글을 읽고 물음에 답하시오.

(A)

↱글의 주제: Essays Writing Workshop

The Seoul Cultural Center is delighted to announce the hosting of a "Essay Writing Workshop" aimed at laying the foundation for anyone interested in essays. **After the theory class, there are also practical training sessions** based on various topics, so participants can try what they have learned right away.
↳③ 단서: 내용 일치

↱① 단서: 내용 일치   ↱② 단서: 내용 불일치
The workshop is open to **high school and college students for free**, while a participation fee of 20,000 won is applicable for other adults. Snacks will be provided during the workshop, and **the best-received participants will be presented with a collection of works by renowned Korean essayist**. Moreover, a professor from **the Department of Korean Literature at Seoul National University will grace the workshop as the inaugural lecturer.**
↳④ 단서: 내용 일치

Details
- **Date and Time** : July 4th, from 2 p.m. to 6 p.m.
- **Location** : Small Auditorium 2, Seoul Cultural Center

↱글의 주제: 워크숍 참여
We invite all those interested in laying the groundwork for their poetry creation journey to pre-register via the Seoul Cultural Center's website. We look forward to your participation and the opportunity to explore the beauty of poetry together.

---

05 (A)에 들어갈 윗글의 제목으로 가장 적절한 것은?

① Learn How to Write Essays 에세이 쓰는 방법을 배우세요
② Join the Essay Writing Competition 에세이 쓰기 대회에 참가하세요
③ Understand and Practice Korean Literature 한국 문학을 이해하고 연습하세요
④ Enjoy Everyting in Creative Writing 창의적인 글쓰기의 모든 것을 즐기세요

06 Essay Writing Workshop에 관한 윗글의 내용과 일치하지 않는 것은?

① 고등학생과 대학생은 참가비가 무료이다.
② 참가자 전원에게 유명 수필가들의 작품집이 제공된다. → 우수한 평가를 받은 참가자
③ 워크숍에서는 이론 수업 후 실습 시간이 마련되어 있다.
④ 첫 번째 강사는 서울대 국문학과 교수이다.

2025 출제 기조 전환 적용 문제 ③ 풀어보기

[07~08] 다음 글을 읽고 물음에 답하시오.

제한시간 2분

(A)

Experience the beauty of the beach with a special 1-night, 2-day camping program in Samcheok City, Gangwon Province. This program is open to students from elementary to high school and offers families the opportunity to enjoy time together in nature.

- **Eligibility** : Students aged 8 and above, from elementary to high school
- **Note** : Elementary students must be accompanied by a guardian.
- **Participation Fee** : 50,000 won, including guardians
- **Dinner** : Free from food trucks

Program Details
− Walking and bike tours of Samcheok beach
− Trash collection activities during walking and bike tours
− Exploring cultural properties near Samcheok beach

The program focuses on experiencing nature, appreciating the beautiful scenery of Samcheok, exploring cultural properties, and fostering environmental awareness. If you want to create meaningful moments with your family, apply for the website below!
- website : www.samcheok.or.kr

---

07   (A)에 들어갈 윗글의 제목으로 가장 적절한 것은?

① Enjoy Nature in Samcheok, Gangwon-do
② Join Gangwon-do Environmental Conservation Workshop
③ Celebrate Samcheok's Summer Beach Festival
④ Explore the Cultural Properties of Gangwon-do.

08   camping program에 관한 윗글의 내용과 일치하는 것은?

① 해변에서 수영 강습을 받을 수 있다.
② 모든 학생들은 보호자를 동반해야만 참여할 수 있다.
③ 참가비에는 푸드 트럭의 저녁 식사가 포함되어 있다.
④ 투어 도중 쓰레기 버리는 행동과 관련하여 주의를 주고 있다.

2025 출제 기조 전환 적용 문제 ❸ 분석하기

LEVEL-UP 어휘 테스트

❶ 1-night 2-day _____

❷ province _____

❸ elementary _____

❹ eligibility _____

❺ accompany _____

❻ collection _____

❼ heritage _____

❽ appreciate _____

❾ scenery _____

❿ property _____

전체 지문 해석

강원도 삼척에서 자연을 맘껏 즐겨요

강원도 삼척시에서의 특별한 1박 2일 캠핑 프로그램을 통해 해변의 아름다움을 경험해 보세요. 초등학생부터 고등학생까지 참여할 수 있는 프로그램으로 자연 속에서 가족들과 함께 시간을 즐길 수 있는 기회를 제공합니다.

- **자격**: 8세 이상, 초등학생부터 고등학생까지
- **유의 사항**: 초등학생은 보호자를 동반해야 합니다.
- **참가비**: 보호자 포함 50,000원
- **저녁 식사**: 푸드 트럭에서 무료 제공

프로그램 세부 사항
- 삼척시 해변 도보 및 자전거 투어
- 도보 및 자전거 투어 도중 쓰레기 수거 활동
- 삼척시 해변 근처의 문화재 탐방

이 프로그램은 자연 체험, 삼척시의 아름다운 경관 감상, 문화재 탐방 그리고 환경 의식 함양에 중점을 두고 있습니다. 가족과 함께 의미 있는 순간을 만들고 싶다면 아래의 웹사이트로 신청하세요!
- **사이트**: www.samcheok.or.kr

LEVEL-UP 어휘 테스트 정답

❶ 1-night 2-day — 1박 2일

❷ province — 주(州), 도(道), 지역, 분야

❸ elementary — 초등의, 초급의, 기본적인

❹ eligibility — 자격, 적격

❺ accompany — 동반하다, 동행하다

❻ collection — 수거, 수집, 수집품, 소장품, 무리, 더미

❼ heritage — (국가 · 사회의) 유산

❽ appreciate — 감상하다, 감사하다, 평가하다, 인정하다

❾ scenery — 경치, 풍경, 배경

❿ property — 재산, 부동산, 속성, 특성

2025 출제 기조 전환 적용 문제 ❸ Pen Checking 확인하기

[07~08] 다음 글을 읽고 물음에 답하시오.

(A)

↱글의 주제 : 강원도 삼척 캠핑 프로그램
Experience the beauty of the beach with a special 1-night, 2-day camping program in Samcheok City, Gangwon Province. This program is open to students from elementary to high school and offers families the opportunity to enjoy time together in nature. ↳글의 주제 : 이 프로그램은 자연 속에서 함께 시간을 즐길 기회 제공

- **Eligibility** : Students aged 8 and above, from elementary to high school
- **Note** : **Elementary students must be accompanied by a guardian.**
- **Participation Fee** : 50,000 won, including guardians ↳② 단서 : 내용 불일치
- **Dinner** : **Free** from food trucks
↳③ 단서 : 내용 일치

Program Details
− **Walking and bike tours of Samcheok beach** - ① 단서 : 내용 불일치
− **Trash collection activities during walking and bike tours**
− Exploring cultural properties near Samcheok beach
↳④ 단서 : 내용 불일치

The program focuses on experiencing nature, appreciating the beautiful scenery of Samcheok, exploring cultural properties, and fostering environmental awareness. If you want to create meaningful moments with your family, apply for the website below!
- website : www.samcheok.or.kr

---

07 (A)에 들어갈 윗글의 제목으로 가장 적절한 것은?

① Enjoy Nature in Samcheok, Gangwon-do 강원도 삼척에서 자연을 즐기세요
② Join Gangwon-do Environmental Conservation Workshop 강원도 환경 보전 워크숍에 참여하세요
③ Celebrate Samcheok's Summer Beach Festival 삼척 여름 해변 축제를 축하하세요
④ Explore the Cultural Properties of Gangwon-do. 강원도 문화재들을 탐방하세요

08 camping program에 관한 윗글의 내용과 일치하는 것은?

① 해변에서 수영 강습을 받을 수 있다. → 도보 및 자전거 투어 프로그램
② 모든 학생들은 보호자를 동반해야만 참여할 수 있다. → 초등학생
③ 참가비에는 푸드 트럭의 저녁 식사가 포함되어 있다.
④ 투어 도중 쓰레기 버리는 행동과 관련하여 주의를 주고 있다. → 쓰레기 줍기 활동

2025 출제 기조 전환 적용 문제 ④ 풀어보기

[09~10] 다음 글을 읽고 물음에 답하시오.

⏰ 제한시간 2분

(A)

Summer will begin soon. Considering that it is difficult to go to the sea due to busy work, we have opened a swimming program to enjoy the summer in our swimming pool. Dive into summer with our free swimming lessons at the PARADISE Pool!

Class Details
- **Dates** : Every Monday and Wednesday, starting from June 1st
- **Time** : 10 : 00 a.m. - 12 : 00 p.m.
- **Location** : PARADISE Pool
- **Instructor** : Coach John Smith

I think this class is perfect for everyone who expects to improve their swimming skills, whether you are a beginner who has never swam or a skilled swimmer who has swam for a long time. Don't just stay at home in the hot weather, visit the swimming pool and learn various swimming skills and survival swimming education to learn how to enjoy it safely in the water.

Registration Fee : Free for local residents only

To register, please visit the PARADISE Pool or contact us at paradisepool@local.gov.

---

09 (A)에 들어갈 윗글의 제목으로 가장 적절한 것은?

① Participate in Summer Festival
② Join Our Team : Swimming Instructors Wanted
③ Join the Free Swimming Lesson
④ Extend Your Swimming Lesson

10 swimming lesson에 관한 윗글의 내용과 일치하지 않는 것은?

① 수업을 하는 강사는 이미 정해져 있다.
② 다양한 수영 기술을 배울 수 있다.
③ 지역 주민의 경우에는 무료로 등록할 수 있다.
④ 해당 수업은 숙련자에게는 적합하지 않다.

2025 출제 기조 전환 적용 문제 ④ 분석하기

LEVEL-UP 어휘 테스트

❶ dive into _____

❷ expect _____

❸ survival _____

❹ resident _____

전체 지문 해석

무료 수영 수업에 참여하세요

이제 곧 여름이 시작됩니다. 바쁜 업무로 바다에 놀러 가기 어려운 점을 고려하여 저희 수영장에서 여름을 만끽할 수 있는 수영 프로그램을 열게 되었습니다. PARADISE 수영장에서 무료 수영 수업을 받으며 여름으로 뛰어들어 보세요!

수업 세부 사항
• **날짜**: 6월 1일부터 매주 월요일과 수요일
• **시간**: 오전 10시 − 오후 12시
• **장소**: PARADISE 수영장
• **강사**: John Smith 코치

수영을 해본 적이 없는 초보자든 오랜 시간 수영을 해본 숙련된 수영 선수든 수영 실력 향상을 기대하는 모든 분들에게 이 수업은 완벽하다고 생각합니다. 더운 날씨에 집에만 머무르지 말고 수영장을 방문하여 다양한 수영 기술과 생존 수영 교육을 배워 물놀이에서 안전하게 즐기는 방법을 배워가세요.

등록비: 지역 주민의 경우만 무료 제공

등록하려면 PARADISE 수영장을 방문하시거나 communitypool@local.gov로 문의해 주십시오.

LEVEL-UP 어휘 테스트 정답

❶ dive into ~으로 뛰어들다

❷ expect 기대하다, 예상하다, 기다리다, 요구하다

❸ survival 생존

❹ resident 주민, 거주자, 투숙객

2025 출제 기조 전환 적용 문제 ❹ Pen Checking 확인하기

[09~10] 다음 글을 읽고 물음에 답하시오.

(A)

Summer will begin soon. Considering that it is difficult to go to the sea due to busy work, we have opened a swimming program to enjoy the summer in our swimming pool. **Dive into** summer with our free swimming lessons at the PARADISE Pool!
글의 주제 : 무료 수영 수업 참여

Class Details
• **Dates** : Every Monday and Wednesday, starting from June 1st
• **Time** : 10 : 00 a.m. - 12 : 00 p.m.
• **Location** : PARADISE Pool
• **Instructor : Coach John Smith** – ① 단서 : 내용 일치

④ 단서 : 내용 불일치

I think this class **is perfect for everyone** who expects to improve their swimming skills, whether you are a beginner who has never swam or a **skilled swimmer** who has swam for a long time. Don't just stay at home in the hot weather, visit the swimming pool and **learn various swimming skills** and survival swimming education to learn how to enjoy it safely in the water.
② 단서 : 내용 일치

Registration Fee : Free for local residents only – ③ 단서 : 내용 일치

To register, please visit the PARADISE Pool or contact us at paradisepool@local.gov.

---

09 (A)에 들어갈 윗글의 제목으로 가장 적절한 것은?

① Participate in Summer Festival 여름 축제에 참여하세요
② Join Our Team : Swimming Instructors Wanted 우리 팀에 합류하세요 : 수영 강사 모집
③ Join the Free Swimming Lesson 무료 수영 수업에 참여하세요
④ Extend Your Swimming Lesson 수영 수업을 연장하세요

10 swimming lesson에 관한 윗글의 내용과 일치하지 않는 것은?

① 수업을 하는 강사는 이미 정해져 있다.
② 다양한 수영 기술을 배울 수 있다.
③ 지역 주민의 경우에는 무료로 등록할 수 있다.
④ 해당 수업은 숙련자에게는 적합하지 않다. → 적합하다

New Trend
단기합격 길라잡이

진가영 영어
단기합격 독해
All In One

단일형 문항 ①
홈페이지 게시글
[세부 정보 파악(내용 불일치)]

단일형 문항 ①
홈페이지 게시글[세부 정보 파악(내용 불일치)]

⭐ **신경향 독해** 출제 방향 및 학습 전략   _ ⊡ ✕

☑ 글의 세부 정보 파악 유형은 담화나 글에 제시된 **특정 정보**를 사실적이고 **정확하게 이해하는 능력**을 측정하는 문항이다.

☑ 글의 세부 정보 파악 유형 중 **내용 불일치**를 물어보는 문제는 9급 출제 기조 전환 예시 문제를 기준으로 볼 때 **난도가 낮은 유형**에 속하며 **두 문제** 출제될 것으로 예상된다.

☑ 글의 세부 정보 파악 유형은 글의 내용을 **구체적인 사항에 초점**을 맞추어 이해하고, **직접적으로 제시된 내용**을 정확하게 파악하는 연습을 필요로 한다.

☑ 글의 세부 정보 파악 유형은 글 추론에 의해 내용을 유추하는 것이 아니라, **글에 명시적으로 제시된 내용에 대한 사실적 이해에 근거하여 선택지와의 일치 여부를 판단**해야 한다는 점에 유의한다.

☑ 글의 세부 정보 파악 유형을 시간 이내에 정확하게 풀기 위해서는 미리 어떻게 시험에서 내용 일치 또는 불일치 선지를 만드는지 **함정 포인트**를 잘 알고 주의해야 한다.

☑ 글의 세부 정보 파악 유형은 다른 유형과 달리 특히 **부사 표현, 형용사, 특정 명사, 수치와 부정어** 등 말 그대로 세부 정보를 표시하기 위해서 사용되는 표현들에 주의해야 한다.

⭐ **신경향 독해** 문제풀이 전략   _ ⊡ ✕

📌 '**세부 정보 파악**' 유형 문제 풀이 전략

STEP ① 선택지 확인 → 고유한 어휘(다른 선택지에는 없고 하나의 선택지에만 존재하는 단어)를 확인하기

STEP ② 지문 확인 → 고유한 어휘를 기준으로 선택지에 해당하는 정보를 지문에서 찾기

STEP ③ 선택지 분석 → 오답 소거 후 정답 도출

📌**찐팁** 선택지에 자주 등장하는 함정 포인트

1. 부정부사 또는 부정의 의미를 내포하는 단어들은 주의한다.
2. 시간부사나 장소부사 등 여러 가지 부사 표현들은 주의한다.
3. 숫자에 관련된 정보는 주의한다.
4. 반의어를 가질 수 있는 어휘는 주의한다.
5. 비교급과 최상급 표현은 주의한다.
6. 2가지 이상의 대상이 나오는 경우 주의한다.
7. 인명이나 지명과 같은 고유명사는 주의한다.

2025 출제 기조 전환 예시 문제 **풀어보기**

01 Enter-K 앱에 관한 다음 글의 내용과 일치하지 않는 것은? 제한시간 1분 30초

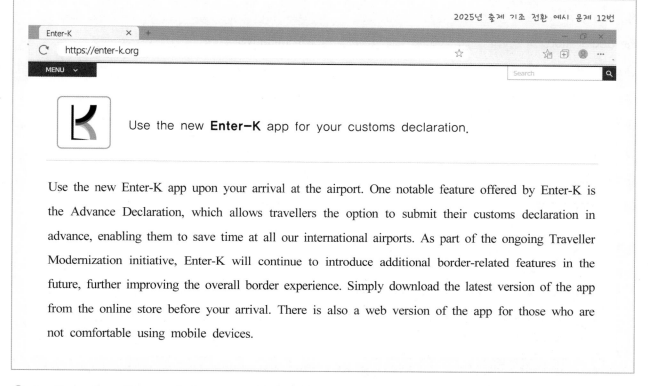

2025년 출제 기조 전환 예시 문제 12번

Use the new **Enter-K** app for your customs declaration.

Use the new Enter-K app upon your arrival at the airport. One notable feature offered by Enter-K is the Advance Declaration, which allows travellers the option to submit their customs declaration in advance, enabling them to save time at all our international airports. As part of the ongoing Traveller Modernization initiative, Enter-K will continue to introduce additional border-related features in the future, further improving the overall border experience. Simply download the latest version of the app from the online store before your arrival. There is also a web version of the app for those who are not comfortable using mobile devices.

① It allows travellers to declare customs in advance.

② More features will be added later.

③ Travellers can download it from the online store.

④ It only works on personal mobile devices.

2025 출제 기조 전환 예시 문제 분석하기

LEVEL-UP 어휘 테스트

❶ customs	❾ ongoing
❷ declaration	❿ initiative
❸ arrival	⓫ introduce
❹ notable	⓬ border
❺ allow	⓭ related
❻ submit	⓮ overall
❼ enable	⓯ latest
❽ international	⓰ device

전체 지문 해석

당신의 세관 신고를 위해 새로운 **Enter-K** 앱을 사용하세요.

공항에 당신이 도착하자마자 새로운 Enter-K 앱을 사용하세요. Enter-K에 의해 제공되는 한 가지 주목할 만한 특징은 Advance Declaration(사전 신고)인데, 이것은 여행자들에게 미리 그들의 세관 신고서를 제출할 수 있는 옵션을 허용하고 그들이 우리의 모든 국제 공항에서 시간을 절약할 수 있게 합니다. Enter-K는 계속 진행 중인 Traveller Modernization(여행자 현대화) 계획의 일환으로 미래에 국경 관련 추가 기능을 계속 도입하여 전체적인 국경 경험을 더욱 향상시킬 것입니다. 당신이 도착하기 전에 온라인 스토어에서 최신 버전의 앱을 간단히 다운로드 하세요. 모바일 기기 사용이 불편한 사람들을 위한 웹 버전의 앱 또한 있습니다.

LEVEL-UP 어휘 테스트 정답

❶ customs	세관, 관세	❾ ongoing	계속 진행 중인
❷ declaration	(세관·세무서에의) 신고(서), 선언, 발표	❿ initiative	계획, 진취성, 결단력, 주도권
❸ arrival	도착, 도래, 도입	⓫ introduce	도입하다, 소개하다, 안내하다
❹ notable	주목할 만한, 눈에 띄는, 중요한, 유명한	⓬ border	국경, 경계, 가장자리, 접하다,
❺ allow	허용하다, 허락하다, 용납하다		경계를 이루다
❻ submit	제출하다, 항복[굴복]하다	⓭ related	관련된, 친척의, 동족의
❼ enable	~할 수 있게 하다, 가능하게 하다	⓮ overall	전체적인, 전반적인, 종합적인
❽ international	국제적인, 국제의	⓯ latest	최신의, 최근의
		⓰ device	기기, 장치, 고안, 방책

2025 출제 기조 전환 예시 문제 Pen Checking 확인하기

01 Enter-K 앱에 관한 다음 글의 내용과 일치하지 않는 것은?

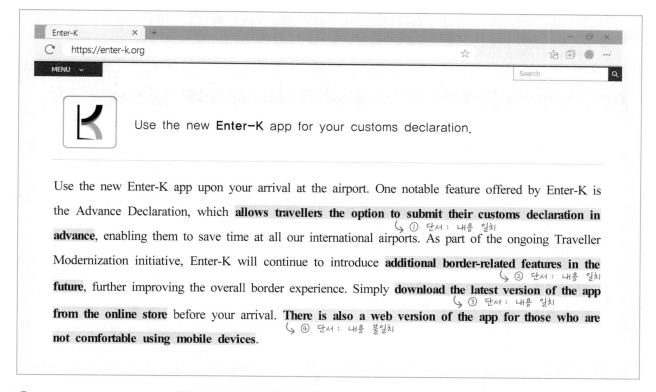

① It allows travellers to declare customs in advance.

그것은 여행자들이 사전에 세관 신고를 할 수 있게 한다.

② More features will be added later.

추후 더 많은 기능이 추가될 예정이다.

③ Travellers can download it from the online store.

여행자들은 온라인 스토어에서 그것을 다운로드할 수 있다.

④ It only works on personal mobile devices. → 웹버전의 앱도 있음

그것은 개인 모바일 기기에서만 작동한다.

2025 출제 기조 전환 적용 문제 ❶ 풀어보기 ‖‖‖‖‖‖‖‖‖‖‖‖‖‖‖‖‖‖‖‖‖‖‖‖‖‖‖‖‖‖‖‖‖‖‖‖‖‖

02 KTX 앱에 관한 다음 글의 내용과 일치하지 않는 것은? 🕐 제한시간 1분 30초

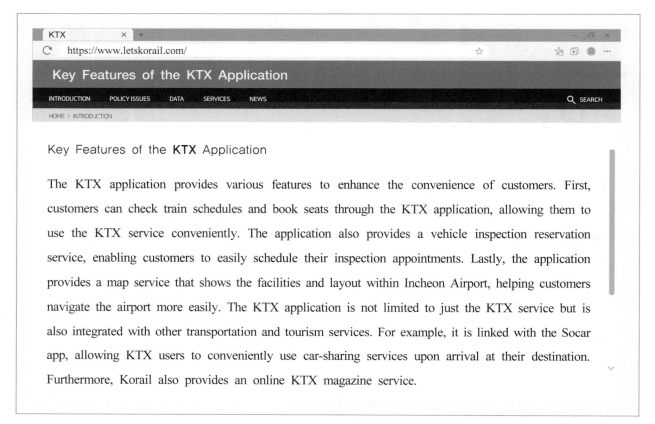

① It allows customers to check train schedules and book seats.

② It provides a vehicle inspection reservation service.

③ It shows facilities and layout within Incheon Airport.

④ It is only available for KTX service and not integrated with other services.

2025 출제 기조 전환 적용 문제 ❶ 분석하기

CHAPTER
03

LEVEL-UP 어휘 테스트

❶ feature _____

❷ convenience _____

❸ customer _____

❹ book _____

❺ vehicle _____

❻ facility _____

❼ integrate _____

❽ destination _____

전체 지문 해석

KTX 애플리케이션의 주요 기능

KTX 애플리케이션은 고객들의 편의를 향상시키기 위해 다양한 기능을 제공하고 있습니다. 먼저, 고객들은 KTX 애플리케이션을 통해 열차 시간표를 확인하고 좌석을 예매할 수 있습니다. KTX 서비스를 편리하게 이용할 수 있습니다. 또한 애플리케이션에서 자동차 점검 예약 서비스도 제공하여 고객들이 쉽게 점검 일정을 잡을 수 있습니다. 마지막으로, 인천공항 내부 시설물과 배치를 보여주는 지도 서비스를 제공하여 고객들이 공항을 더 쉽게 탐색할 수 있도록 돕고 있습니다. KTX 애플리케이션은 단순히 KTX 서비스에만 국한되지 않고, 다른 교통 및 관광 서비스도 통합되어 있습니다. 예를 들어, Socar 앱과 연계되어 KTX 이용객들이 도착지에서 카셰어링 서비스를 편리하게 이용할 수 있도록 하고 있습니다. 또한 코레일은 온라인 KTX 잡지 서비스도 제공하고 있습니다.

LEVEL-UP 어휘 테스트 정답

❶ feature — 기능, 특징, 특성, 특징을 이루다

❷ convenience — 편의, 편리

❸ customer — 손님, 고객

❹ book — 예약하다, 책

❺ vehicle — 자동차, 차량, 탈 것, 운송수단

❻ facility — 시설, 기관

❼ integrate — 통합되다, 통합하다

❽ destination — 목적지

2025 출제 기조 전환 적용 문제 ❶ Pen Checking 확인하기

02 KTX 앱에 관한 다음 글의 내용과 일치하지 않는 것은?

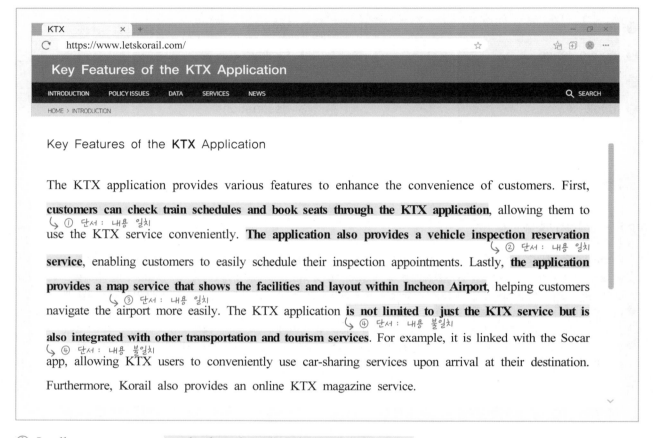

Key Features of the KTX Application

The KTX application provides various features to enhance the convenience of customers. First, **customers can check train schedules and book seats through the KTX application**, allowing them to
↳ ① 단서 : 내용 일치
use the KTX service conveniently. **The application also provides a vehicle inspection reservation**
↳ ② 단서 : 내용 일치
service, enabling customers to easily schedule their inspection appointments. Lastly, **the application**

provides a map service that shows the facilities and layout within Incheon Airport, helping customers
↳ ③ 단서 : 내용 일치
navigate the airport more easily. The KTX application **is not limited to just the KTX service but is**
↳ ④ 단서 : 내용 불일치
also integrated with other transportation and tourism services. For example, it is linked with the Socar
↳ ④ 단서 : 내용 불일치
app, allowing KTX users to conveniently use car-sharing services upon arrival at their destination.

Furthermore, Korail also provides an online KTX magazine service.

① It allows customers to check train schedules and book seats.
그것은 고객들이 열차 시간표를 확인하고 좌석을 예약할 수 있게 해준다.

② It provides a vehicle inspection reservation service.
그것은 차량 검사 예약 서비스를 제공한다.

③ It shows facilities and layout within Incheon Airport.
그것은 인천 공항 내부의 시설과 배치를 보여준다.

④ It is ~~only~~ available for KTX service and ~~not~~ integrated with other services.
그것은 KTX 서비스를 위해서만 이용 가능하며 다른 서비스와 통합되어 있지 않다. → KTX 서비스에만 국한되지 않고 다른 교통 및 관광서비스도 통합

2025 출제 기조 전환 적용 문제 ❷ 풀어보기

03 Liri Learning Planner에 관한 다음 글의 내용과 일치하지 않는 것은? 제한시간 1분 30초

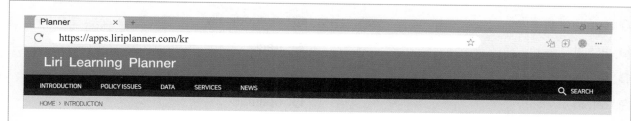

Use **Liri Learning Planner** for your efficient study

Liri Planner is a comprehensive study planner app developed to assist students in efficient learning. Our goal is to help students study more effectively. Liri Planner provides systematic review management based on Ebbinghaus's forgetting curve theory, allowing students to retain what they have learned for a longer period. One of the main features is the creation of study plans. Users can systematically organize subjects, units, and study content to create study plans, enabling them to set clear learning goals and study methodically. Liri Planner offers a study time tracking feature. This feature automatically tracks the user's actual study time and provides statistical data. Based on this, students can improve their study habits. The personalized scheduling feature analyzes the user's study patterns and goals to suggest a customized study schedule, allowing students to follow a study plan optimized for them.

① It automatically organizes what to study in a day.

② It provides a review management function based on Ebbinghaus's forgetting curves.

③ It enables students to follow a plan that is best for them.

④ It provides statistical data on users' actual learning time.

2025 출제 기조 전환 적용 문제 ❷ 분석하기

LEVEL-UP 어휘 테스트

❶ comprehensive _____

❷ assist _____

❸ review _____

❹ retain _____

❺ organize _____

❻ methodically _____

❼ track _____

❽ statistical _____

❾ optimal _____

❿ personalized _____

전체 지문 해석

효율적인 공부를 위해 Liri 학습 플래너를 이용하세요

Liri 플래너는 학생들의 효율적인 학습을 돕기 위해 개발된 종합 학습 플래너 앱입니다. 우리의 목표는 학생들이 더 효과적으로 학습할 수 있도록 돕는 것입니다. Liri 플래너는 Ebbinghaus의 망각 곡선 이론을 바탕으로 체계적인 복습 관리 기능을 제공하는데 이를 통해 학생들은 학습한 내용을 더 오랫동안 유지할 수 있습니다. 주요 기능 중 하나는 학습 계획 작성입니다. 사용자는 과목, 단원, 학습 내용을 체계적으로 정리하여 학습 계획을 작성할 수 있으며, 이를 통해 학습 목표를 명확히 설정하고 체계적으로 공부할 수 있습니다. Liri 플래너는 학습 시간 추적 기능도 제공합니다. 이 기능은 사용자의 실제 학습 시간을 자동으로 추적하여 통계적인 데이터를 제공합니다. 이를 바탕으로 학생들은 자신의 학습 습관을 개선할 수 있습니다. 개인 맞춤형 일정 기능은 사용자의 학습 패턴과 목표를 분석하여 개인 맞춤형 학습 일정을 제안하며, 이를 통해 학생들이 자신에게 최적화된 학습 계획을 따를 수 있도록 합니다.

LEVEL-UP 어휘 테스트 정답

❶ comprehensive 종합적인, 포괄적인

❷ assist 돕다, 도움이 되다

❸ review 복습(하다), 재검토(하다)

❹ retain 유지하다, 보유하다

❺ organize 정리하다, 체계화[구조화]하다

❻ methodically 체계적으로, 조직적으로

❼ track 추적하다, 뒤쫓다

❽ statistical 통계적인, 통계학적의

❾ optimal 최적의

❿ personalized 개인 맞춤형의, 개인이 원하는 대로

2025 출제 기조 전환 적용 문제 ❷ Pen Checking 확인하기

03 Liri Learning Planner에 관한 다음 글의 내용과 일치하지 않는 것은?

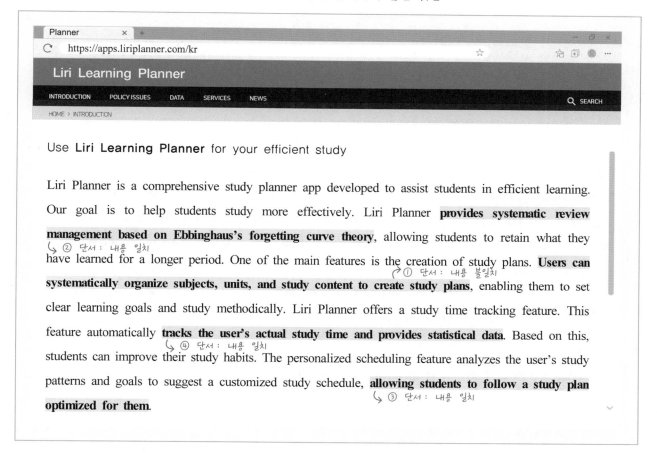

① It automatically organizes what to study in a day. → 체계적으로 조직함, 하루 동안은 언급 없음
그것은 하루 동안 학습할 내용을 자동으로 정리해준다.

② It provides a review management function based on Ebbinghaus's forgetting curves.
그것은 Ebbinghaus의 망각 곡선을 기반으로 복습 관리 기능을 제공한다.

③ It enables students to follow a plan that is best for thern.
그것은 학생들이 자신에게 가장 적합한 계획을 따를 수 있게 해준다.

④ It provides statistical data on users' actual learning time.
그것은 사용자들의 실제 학습 시간에 대한 통계 데이터를 제공한다.

2025 출제 기조 전환 적용 문제 ❸ 풀어보기 ||||||||||||||||||||||||||||||||||||||||||||||||||||||||||||||

04 Gas 앱에 관한 다음 내용과 일치하지 않는 것은?　　　🕐 제한시간 1분 30초

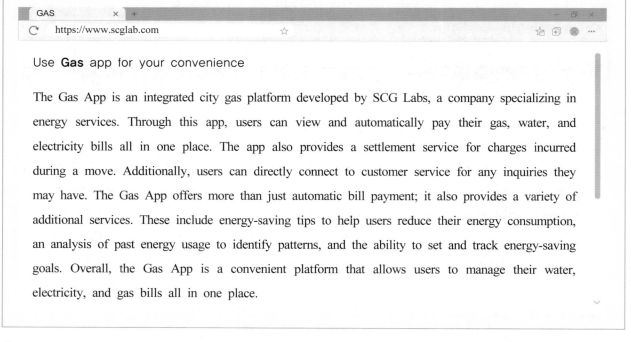

① Developed by SCG Labs, it is an all-in-one city gas platform.

② It provides automatic bill payment for gas, water, and electricity.

③ It doesn't include tips to help users save energy.

④ Users can reach out to customer service directly for inquiries.

2025 출제 기조 전환 적용 문제 ❸ 분석하기

LEVEL-UP 어휘 테스트

❶ platform _____

❷ charge _____

❸ settlement _____

❹ incur _____

❺ track _____

❻ bill _____

전체 지문 해석

당신의 편의를 위해 가스 앱을 사용하세요

가스 앱은 에너지 서비스 전문 회사인 SCG Labs에 의해 개발된 통합 도시가스 플랫폼입니다. 이 앱을 통해, 사용자는 가스, 물, 전기 요금을 모두 한곳에서 보고 자동으로 지불 할 수 있습니다. 그 앱은 또한 이사하는 동안 발생하는 요금에 대한 정산 서비스를 제공합니다. 게다가, 사용자는 그들이 가질 수 있는 모든 문의에 대해 고객 서비스에 직접 연결 할 수 있습니다. 가스 앱은 자동 청구서 지불 이상을 제공합니다; 그것은 또한 다양한 추가 서비스를 제공합니다. 이것들은 사용자가 에너지 소비를 줄이는 것을 돕는 에너지 절약 팁, 패턴을 식별하기 위한 과거 에너지 사용 분석, 그리고 에너지 절약 목표를 설정하고 추적하는 기능을 포함합니다. 전반적으로, 가스 앱은 사용자가 물, 전기, 그리고 가스 요금을 한 곳에서 관리 할 수 있도록 하는 편리한 플랫폼입니다.

LEVEL-UP 어휘 테스트 정답

❶ platform · 플랫폼, 승강장, 연단

❷ charge · 청구하다, 비난하다, 책임을 지다, 충전하다

❸ settlement · 정착, 해결

❹ incur · 초래하다, 발생하다

❺ track · 추적하다, 자취, 흔적

❻ bill · 청구서, 계산서, 지폐, 부리

2025 출제 기조 전환 적용 문제 ❸ Pen Checking 확인하기

04 Gas 앱에 관한 다음 내용과 일치하지 않는 것은?

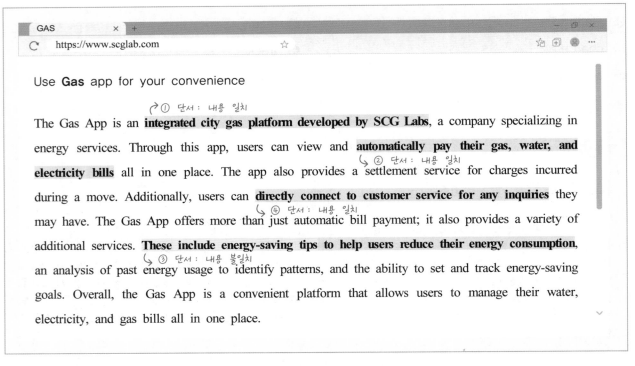

① Developed by SCG Labs, it is an all-in-one city gas platform.

SCG Labs에서 개발한, 이것은 종합적인 도시가스 플랫폼이다.

② It provides automatic bill payment for gas, water, and electricity.

이것은 가스, 물, 전기의 자동 요금 납부를 제공한다.

③ It doesn't include tips to help users save energy. → 포함하고 있음

이것은 사용자가 에너지를 절약할 수 있도록 돕는 팁을 포함하고 있지 않다.

④ Users can reach out to customer service directly for inquiries.

사용자는 문의 사항이 있을 때 고객 서비스에 직접 연락할 수 있다.

2025 출제 기조 전환 적용 문제 ❹ 풀어보기

05 KHRD에 관한 다음 글의 내용과 일치하지 않는 것은?   제한시간 1분 30초

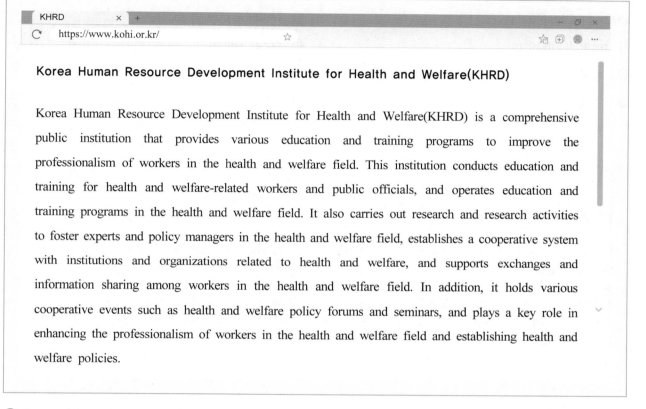

KHRD   ×   +

https://www.kohi.or.kr/

Korea Human Resource Development Institute for Health and Welfare(KHRD)

Korea Human Resource Development Institute for Health and Welfare(KHRD) is a comprehensive public institution that provides various education and training programs to improve the professionalism of workers in the health and welfare field. This institution conducts education and training for health and welfare-related workers and public officials, and operates education and training programs in the health and welfare field. It also carries out research and research activities to foster experts and policy managers in the health and welfare field, establishes a cooperative system with institutions and organizations related to health and welfare, and supports exchanges and information sharing among workers in the health and welfare field. In addition, it holds various cooperative events such as health and welfare policy forums and seminars, and plays a key role in enhancing the professionalism of workers in the health and welfare field and establishing health and welfare policies.

① It provides education and training programs for health and welfare-related public officials.

② It helps health and welfare workers exchange and share information.

③ It organizes independent events such as health and welfare policy forums and seminars.

④ It plays a crucial role in elevating the expertise of health and welfare professionals.

2025 출제 기조 전환 적용 문제 ❹ 분석하기 ▸

LEVEL-UP 어휘 테스트

❶ public institution _____

❷ professionalism _____

❸ conduct _____

❹ carry out _____

❺ foster _____

❻ cooperative _____

❼ forum _____

❽ establish _____

전체 지문 해석

한국보건복지인력개발원(KHRD)

한국보건복지인력개발원(KHRD)은 보건복지 분야 종사자들의 전문성 향상을 위해 다양한 교육 및 훈련 프로그램을 제공하는 종합 공공기관입니다. 이 기관은 보건복지 관련 종사자 및 공무원을 대상으로 교육훈련을 실시하고 있으며, 보건복지 분야의 교육훈련 프로그램을 운영하고 있습니다. 그것은 또한 건강 및 복지 분야에서 전문가와 정책 관리자를 육성하기 위해 연구 및 연구 활동을 수행하며, 건강 및 복지 관련 기관 및 조직과 협력 체계를 구축하고, 건강 및 복지 분야의 업무 종사자들 사이의 교류와 정보 공유를 지원합니다. 게다가 그것은 보건복지 분야 정책 포럼, 세미나 등 다양한 협력 행사를 개최하며, 보건복지 분야 종사자들의 전문성 제고와 보건복지 정책 수립을 위한 핵심적인 역할을 수행하고 있습니다.

LEVEL-UP 어휘 테스트 정답

❶ public institution 공공기관

❷ professionalism 전문성, 전문가 기질

❸ conduct (특정한 활동을) 하다, 수행하다, 지휘하다

❹ carry out 수행하다

❺ foster 육성하다, 촉진하다

❻ cooperative 협동의, 협조적인, 협동조합

❼ forum 포럼, 토론회(장)

❽ establish 설립하다, 제정하다

05 KHRD에 관한 다음 글의 내용과 일치하지 않는 것은?

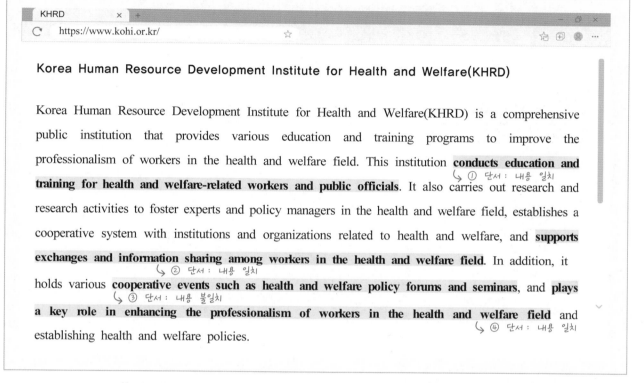

① It provides education and training programs for health and welfare-related public officials.
그것은 보건복지 관련 공무원을 위한 교육 및 훈련 프로그램을 제공한다.

② It helps health and welfare workers exchange and share information.
그것은 보건복지 직원들이 정보를 교류하고 공유하는 것을 돕는다.

③ It organizes independent events such as health and welfare policy forums and seminars. → 협력 행사
그것은 보건복지 정책 포럼 및 세미나와 같은 다양한 독립적인 행사를 조직한다.

④ It plays a crucial role in elevating the expertise of health and welfare workers.
그것은 보건복지 직원들의 전문적 지식을 높이는 데 중요한 역할을 한다.

New Trend
단기합격 길라잡이

진가영 영어
단기합격 독해
All In One

진가영 영어연구소 | cafe.naver.com/easyenglish7

단일형 문항 ②
홈페이지 게시글
[세부 정보 파악(내용 일치)]

CHAPTER 04

단일형 문항 ② 홈페이지 게시글[세부 정보 파악(내용 일치)]

신경향 독해 출제 방향 및 학습 전략

- 글의 세부 정보 파악 유형은 담화나 글에 제시된 **특정 정보**를 사실적이고 **정확하게 이해하는 능력**을 측정하는 문항이다.
- 글의 세부 정보 파악 유형 중 **내용 불일치**를 물어보는 문제는 9급 출제 기조 전환 예시 문제를 기준으로 볼 때 **난도가 내용 일치 보다는 높은 유형**에 속하며 **한 문제** 출제될 것으로 예상된다.
- 글의 세부 정보 파악 유형은 글의 내용을 **구체적인 사항에 초점**을 맞추어 이해하고, **직접적으로 제시된 내용**을 정확하게 파악하는 연습을 필요로 한다.
- 글의 세부 정보 파악 유형은 글 추론에 의해 내용을 유추하는 것이 아니라, **글에 명시적으로 제시된 내용에 대한 사실적 이해에 근거하여 선택지와의 일치 여부를 판단**해야 한다는 점에 유의한다.
- 글의 세부 정보 파악 유형을 시간 이내에 정확하게 풀기 위해서는 미리 어떻게 시험에서 내용 일치 또는 불일치 선지를 만드는지 함정 포인트를 잘 알고 주의해야 한다.
- 글의 세부 정보 파악 유형은 다른 유형과 달리 특히 **부사 표현**, **형용사**, **특정 명사**, **수치와 부정어** 등 말 그대로 세부 정보를 표시하기 위해서 사용되는 표현들에 주의해야 한다.

신경향 독해 문제풀이 전략

'세부 정보 파악' 유형 문제 풀이 전략

STEP ① 선택지 확인 → 고유한 어휘(다른 선택지에는 없고 하나의 선택지에만 존재하는 단어)를 확인하기

STEP ② 지문 확인 → 고유한 어휘를 기준으로 선택지에 해당하는 정보를 지문에서 찾기

STEP ③ 선택지 분석 → 오답 소거 후 정답 도출

찐팁 선택지에 자주 등장하는 함정 포인트

1. 부정부사 또는 부정의 의미를 내포하는 단어들은 주의한다.
2. 시간부사나 장소부사 등 여러 가지 부사 표현들은 주의한다.
3. 숫자에 관련된 정보는 주의한다.
4. 반의어를 가질 수 있는 어휘는 주의한다.
5. 비교급과 최상급 표현은 주의한다.
6. 2가지 이상의 대상이 나오는 경우 주의한다.
7. 인명이나 지명과 같은 고유명사는 주의한다.

2025 출제 기조 전환 예시 문제 풀어보기

01 Office of the Labor Commissioner에 관한 다음 글의 내용과 일치하는 것은? ⏱ 제한시간 1분 30초

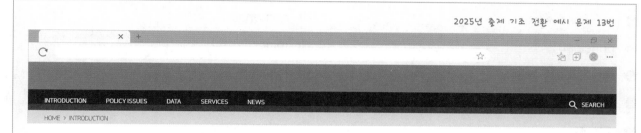

2025년 출제 기조 전환 예시 문제 13번

INTRODUCTION   POLICY ISSUES   DATA   SERVICES   NEWS   🔍 SEARCH

HOME > INTRODUCTION

Office of the Labor Commissioner(OLC) Responsibilities

The OLC is the principal labor regulatory agency for the state. The OLC is responsible for ensuring that minimum wage, prevailing wage, and overtime are paid to employees, and that employee break and lunch periods are provided. In addition, the OLC has authority over the employment of minors. It is the vision and mission of this office to resolve labor-related problems in an efficient, professional, and effective manner. This includes educating employers and employees regarding their rights and responsibilities under the law. The OLC takes enforcement action when necessary to ensure that workers are treated fairly and compensated for all time worked.

① It ensures that employees pay taxes properly.

② It has authority over employment of adult workers only.

③ It promotes employers' business opportunities.

④ It takes action when employees are unfairly treated.

2025 출제 기조 전환 예시 문제 분석하기

LEVEL-UP 어휘 테스트

❶ commissioner _____
❷ principal _____
❸ regulatory _____
❹ state _____
❺ ensure _____
❻ minimum wage _____
❼ prevailing wage _____
❽ overtime _____

❾ authority _____
❿ minor _____
⓫ mission _____
⓬ resolve _____
⓭ enforcement _____
⓮ treat _____
⓯ fairly _____
⓰ compensate for _____

전체 지문 해석

노동위원회(OLC) 사무소의 책임

OLC는 국가의 주요 노동 규제 기관입니다. OLC는 최저 임금, 적정 임금, 그리고 초과 근무 수당 등이 종업원에게 지급되고 종업원의 휴식 및 점심시간이 제공되도록 보장하는 것에 책임이 있습니다. 게다가, OLC는 미성년자 고용에 관한 권한을 가지고 있습니다. 노동과 관련된 문제들을 효율적이고 전문적이며 효과적인 방법으로 해결하는 것이 본 사무소의 비전이자 임무입니다. 이것은 고용주와 종업원에게 법에 따른 그들의 권리와 책임에 대해 교육하는 것을 포함합니다. OLC는 근로자가 공정하게 대우받고 모든 근무 시간에 대해 보상을 받는 것을 보장할 수 있도록 필요할 때 집행 조치를 취합니다.

LEVEL-UP 어휘 테스트 정답

❶ commissioner — 위원, 장관
❷ principal — 주요한, 주된, 학장, 총장
❸ regulatory — 규제의, 규정의, 조절의
❹ state — 국가, 주, 상태, 말하다
❺ ensure — 보장하다, 확실하게 하다, 안전하게 하다
❻ minimum wage — 최저 임금
❼ prevailing wage — 적정 임금
❽ overtime — 초과[시간 외] 근무, 잔업, 야근

❾ authority — 권한, 권위, 당국
❿ minor — 미성년자, 부전공, 작은, 가벼운
⓫ mission — 임무, 사명, 사절(단)
⓬ resolve — 해결하다, 결심하다, 분해[용해]하다
⓭ enforcement — 집행, 시행, 실시
⓮ treat — 대우하다, 취급하다, 다루다
⓯ fairly — 공정하게, 공평하게, 상당히, 꽤
⓰ compensate for — 보상하다, 보충하다

2025 출제 기조 전환 예시 문제 Pen Checking 확인하기

01 Office of the Labor Commissioner에 관한 다음 글의 내용과 일치하는 것은?

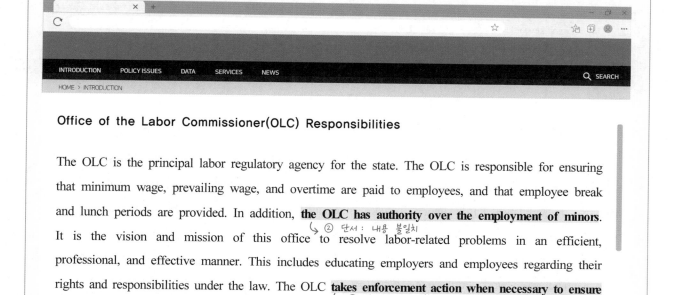

Office of the Labor Commissioner(OLC) Responsibilities

The OLC is the principal labor regulatory agency for the state. The OLC is responsible for ensuring that minimum wage, prevailing wage, and overtime are paid to employees, and that employee break and lunch periods are provided. In addition, **the OLC has authority over the employment of minors**. ② 단서 : 내용 불일치 It is the vision and mission of this office to resolve labor-related problems in an efficient, professional, and effective manner. This includes educating employers and employees regarding their rights and responsibilities under the law. The OLC **takes enforcement action when necessary to ensure** ④ 단서 : 내용 일치 **that workers are treated fairly** and compensated for all time worked.

① It ensures that employees pay taxes properly. → 언급 없음
그것은 직원들이 세금을 제대로 납부하도록 보장한다.

② It has authority over employment of adult workers ~~only~~. → 미성년자 고용에 대한 권한도 가지고 있음
그것은 성인 근로자의 고용에만 권한을 가지고 있다.

③ It promotes employers' business opportunities. → 언급 없음
그것은 고용주의 사업 기회들을 촉진한다.

④ It takes action when employees are unfairly treated.
그것은 직원들이 불공정하게 대우 받을 때 조치를 취한다.

2025 출제 기조 전환 적용 문제 ❶ 풀어보기 ||||||||||||||||||||||||||||||||||||||||||||||||||||||||||||||||||||||

02 Korea Employment Information Service에 관한 다음 글의 내용과 일치하는 것은? ⏰ 제한시간 1분 30초

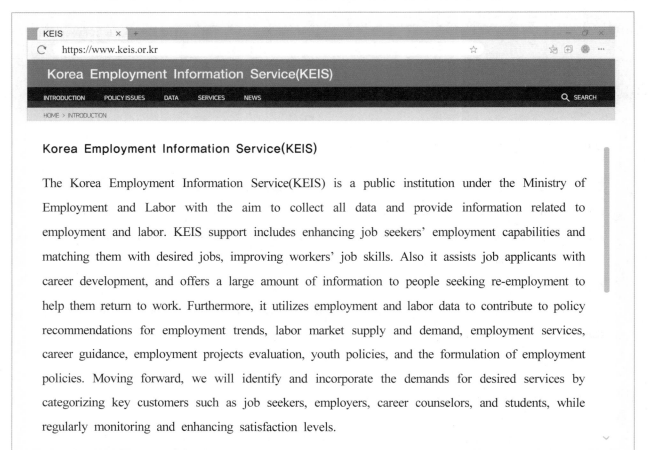

① It gathers specific data and deliver information pertaining to employment and labor.

② It aligns job seekers with desired positions and enhances workers' job skills.

③ It employs employment and labor data to make policy revisions.

④ It integrates the needs for requested services through the collaboration with customers.

2025 출제 기조 전환 적용 문제 ❶ 분석하기

LEVEL-UP 어휘 테스트

❶ capability _____

❷ a wide array of _____

❸ utilize _____

❹ revision _____

❺ incorporate _____

❻ align _____

전체 지문 해석

한국고용정보원

한국고용정보원(KEIS)은 고용노동부 산하의 공공기관으로, 고용 및 노동과 관련된 모든 데이터를 수집하고 정보를 제공하는 것을 목표로 하고 있습니다. KEIS의 지원에는 구직자의 취업 역량을 강화하고 그들을 원하는 직장과 매칭시키는 것, 노동자의 직업 능력을 향상시키는 것 등이 포함됩니다. 또한 그것은 구직자들의 경력 개발을 지원하고 재취업을 원하는 사람들에게 다양한 정보를 제공하여 직장 복귀를 돕는다. 더 나아가, 고용 및 노동 데이터를 활용하여 고용 동향, 노동 시장의 수급, 고용 서비스, 경력 지도, 고용 사업 평가, 청년 정책 및 고용 정책의 수립에 대한 정책 제안에 기여한다. 앞으로는 구직자, 고용주, 직업 상담사, 그리고 학생과 같은 주요 고객을 범주화하여 원하는 서비스 요구를 식별하고 통합할 것입니다. 동시에 만족도를 정기적으로 모니터링하고 향상시킬 것입니다.

LEVEL-UP 어휘 테스트 정답

❶ capability — 능력, 역량

❷ a wide array of — 다량의

❸ utilize — 이용하다, 활용하다

❹ revision — 수정, 정정

❺ incorporate — 포함하다, (법인체·기업체를) 설립하다, 법인의, 회사 조직의

❻ align — ~을 조정[조절]하다, 나란히 하다, 일직선으로 하다

2025 출제 기조 전환 적용 문제 ❶ Pen Checking 확인하기 |||||||||||||||||||||||||||||||||||||||||

02 Korea Employment Information Service에 관한 다음 글의 내용과 일치하는 것은?

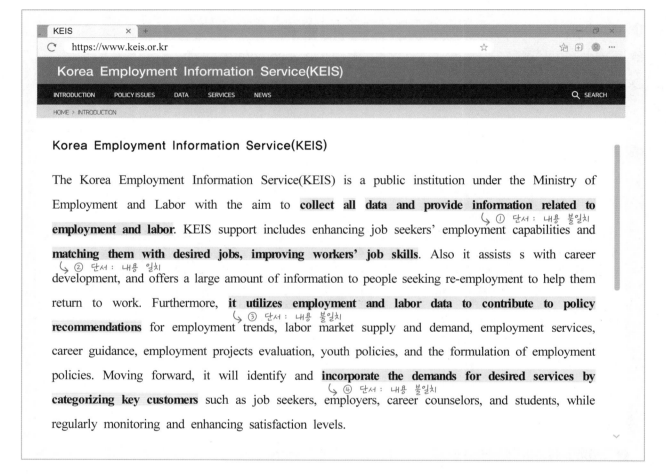

① It gathers ~~speeific~~ data and deliver information pertaining to employment and labor. → 모든 데이터
   그것은 고용과 노동과 관련된 구체적인 데이터를 수집하고 정보를 제공한다.

② It aligns job seekers with desired positions and enhances workers' job skills.
   그것은 구직자들을 원하는 직책에 맞추고 노동자들의 직업 기술을 향상시킨다

③ It employs employment and labor data to ~~make policy revisions~~. → 정책 제안
   그것은 고용과 노동 데이터를 활용하여 정책 개정한다.

④ It ~~integrates~~ the needs for requested services through the collaboration with customers.
   고객과의 협력을 통해 요청된 서비스의 필요를 통합한다. → 앞으로 통합 / 고객을 분류함

2025 출제 기조 전환 적용 문제 ❷ 풀어보기

03 Korea Scholarship Foundation에 관한 다음 글의 내용과 일치하는 것은? 제한시간 1분 30초

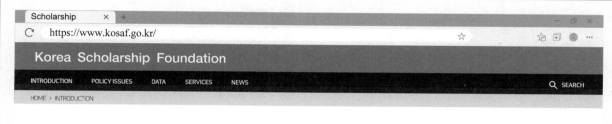

Korea Scholarship Foundation

The Korea Scholarship Foundation is a quasi-governmental organization under the Ministry of Education and operates various systems to expand opportunities for higher education and promote student welfare. The main tasks include the operation of national scholarships, student loans, fostering excellent talents, and supporting student housing facilities. In the case of applying for national scholarships, you can apply for it (Type I, Type II, multi-child, local talent, etc.) based on your income quintile and grades. In addition, it is possible to apply for student loans such as reimbursed student loans after employment and general reimbursed student loans to raise college tuition and living expenses. You can also check information on various donation destination scholarships, local scholarships, and earned scholarships, and you can conveniently apply for national scholarships and student loans through the mobile app(KOSAF).

① It operates few systems to expand opportunities for higher education.

② One of the its primary responsibility is to provide support for student housing facilities.

③ You are not able to apply for national scholarships through the mobile app.

④ You can apply for national scholarships based on your cover letter and grades.

2025 출제 기조 전환 적용 문제 ❷ 분석하기 |||||||||||||||||||||||||||||||||||||||||||||||||||||||||

LEVEL-UP 어휘 테스트

❶ scholarship _____

❷ foundation _____

❸ ministry _____

❹ expand _____

❺ promote _____

❻ task _____

❼ loan _____

❽ facility _____

❾ income quintile _____

❿ grade _____

⓫ reimburse _____

⓬ employment _____

⓭ tuition _____

⓮ living expense _____

전체 지문 해석

한국장학재단

한국장학재단은 교육부 산하의 준정부기관으로, 고등교육 기회 확대 및 학생 복지 증진을 위해 다양한 제도를 운영하고 있습니다. 주요 업무로는 국가 장학금 운영, 학자금 대출, 우수 인재 육성, 학생 주거시설 지원 등이 있습니다. 국가장학금을 신청할 경우, 소득 분위와 성적에 따라 국가장학금(I유형, II유형, 다자녀, 지역인재 등)을 신청할 수 있습니다. 또한 취업 후 상환 학자금 대출 및 일반 상환 학자금 대출 등 대학 등록금과 생활비를 마련하기 위한 학자금 대출 신청도 가능합니다. 이 외에도 다양한 기부처 장학금, 지역 장학금, 근로 장학금 등의 정보를 확인할 수 있으며, 모바일 앱(KOSAF)을 통해 국가 장학금과 학자금 대출 신청을 편리하게 진행할 수 있습니다.

LEVEL-UP 어휘 테스트 정답

❶ scholarship — 장학금, 학문

❷ foundation — 재단, 설립, 토대, 기반, 근거

❸ ministry — 부처, 목사, 성직자

❹ expand — 확장하다

❺ promote — 촉진하다, 홍보하다, 승진시키다

❻ task — 업무, 과제

❼ loan — 대출[융자](금), 대여, 빌려주다

❽ facility — 시설, 기관

❾ income quintile — 소득 분위

❿ grade — 성적, 등급, 학년, 성적을 매기다

⓫ reimburse — 배상하다, 변제하다

⓬ employment — 취업, 고용, 채용, 직장

⓭ tuition — 등록금, 수업료, 수업, 교습

⓮ living expense — 생활비

03 Korea Scholarship Foundation에 관한 다음 글의 내용과 일치하는 것은?

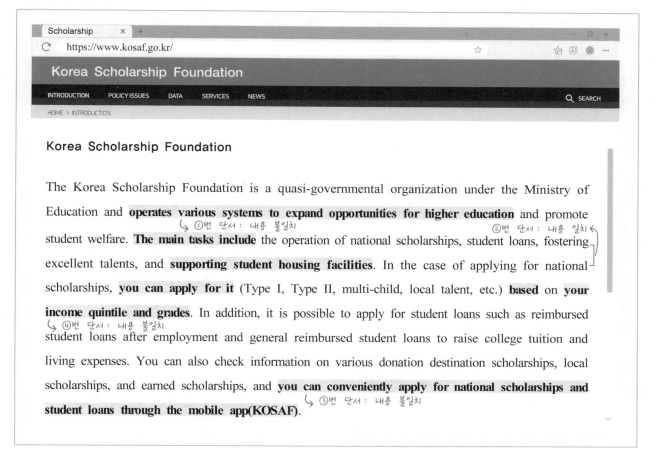

① It operates few systems to expand opportunities for higher education. → 다양한 시스템

그것은 고등 교육의 기회를 확대하기 위한 시스템을 거의 운영하지 않는다.

② One of the its primary responsibility is to provide support for student housing facilities.

그것의 주요 책임 중 하나는 학생 주거시설을 지원하는 것이다.

③ You are not able to apply for national scholarships through the mobile app. → 신청 가능

당신은 모바일 앱을 통해 국가 장학금을 신청할 수 없다.

④ You can apply for national scholarships based on your cover letter and grades. → 소득 분위와 성적

당신은 자기소개서와 성적을 기준으로 국가 장학금을 신청할 수 있다.

2025 출제 기조 전환 적용 문제 ❸ 풀어보기

04 K-Water에 관한 다음 설명 중 일치하는 것은?

⏱ 제한시간 1분 30초

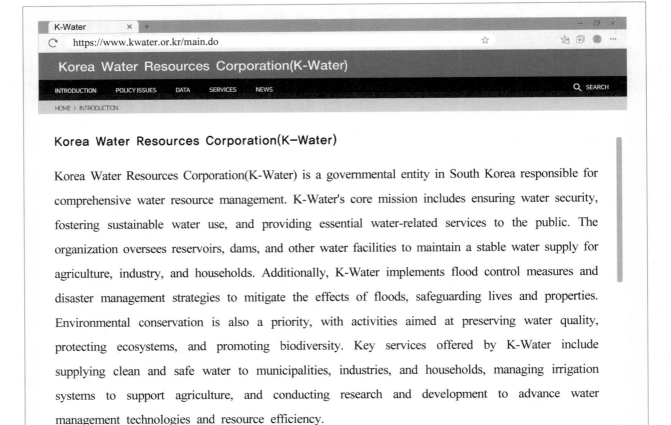

Korea Water Resources Corporation(K-Water)

Korea Water Resources Corporation(K-Water) is a governmental entity in South Korea responsible for comprehensive water resource management. K-Water's core mission includes ensuring water security, fostering sustainable water use, and providing essential water-related services to the public. The organization oversees reservoirs, dams, and other water facilities to maintain a stable water supply for agriculture, industry, and households. Additionally, K-Water implements flood control measures and disaster management strategies to mitigate the effects of floods, safeguarding lives and properties. Environmental conservation is also a priority, with activities aimed at preserving water quality, protecting ecosystems, and promoting biodiversity. Key services offered by K-Water include supplying clean and safe water to municipalities, industries, and households, managing irrigation systems to support agriculture, and conducting research and development to advance water management technologies and resource efficiency.

① It manages reservoirs and dams for water supply.

② It focuses on electricity production through water resources.

③ It does not perform flood management functions.

④ It only offers services dedicated to the industrial sector.

2025 출제 기조 전환 적용 문제 ❸ 분석하기

LEVEL-UP 어휘 테스트

❶ corporation _____

❷ governmental entity _____

❸ comprehensive _____

❹ core _____

❺ foster _____

❻ reservoir _____

❼ conservation _____

❽ implement _____

❾ irrigation _____

❿ municipality _____

전체 지문 해석

한국수자원공사(K-Water)

한국수자원공사(K-Water)는 대한민국의 정부 기관으로, 종합적인 수자원 관리를 책임지고 있습니다. K-Water의 핵심 임무는 물 안보를 확보하고 지속 가능한 물 사용을 촉진하며, 대중에게 필수적인 물 관련 서비스를 제공하는 것입니다. 본 조직은 농업, 산업, 가정에 안정적인 물 공급을 유지하기 위해 저수지, 댐 및 기타 수자원 시설을 관리합니다. 또한, K-Water는 홍수 방지 대책과 재난 관리 전략을 시행하여 홍수의 영향을 완화하고 생명과 재산을 보호합니다. 환경 보전 또한 우선순위에 있으며, 물의 질을 보존하고, 생태계를 보호하며, 생물 다양성을 촉진하는 활동을 수행합니다. K-Water가 제공하는 주요 서비스로는 지방자치단체, 산업 및 가정에 깨끗하고 안전한 물을 공급하는 것, 농업을 지원하기 위한 관개 시스템 관리, 그리고 수자원 관리 기술과 자원 효율성을 향상시키기 위한 연구 및 개발이 포함됩니다.

LEVEL-UP 어휘 테스트 정답

❶ corporation — 법인, 기업, 회사

❷ governmental entity — 정부 기관

❸ comprehensive — 종합적인, 포괄적인

❹ core — 핵심, (사과 같은 과일의) 속[심], 핵심적인, 중심적인

❺ foster — 촉진하다

❻ reservoir — 저수지, 저장소, 저장

❼ conservation — 보호, 보존

❽ implement — 이행[시행]하다, 도구, 기구

❾ irrigation — 관개, 물을 댐

❿ municipality — 지방 자치단체, 시[읍] 당국

2025 출제 기조 전환 적용 문제 ❸ Pen Checking 확인하기 ||||||||||||||||||||||||||||||||||||||||||||||||||||||

04 K-Water에 관한 다음 설명 중 일치하는 것은?

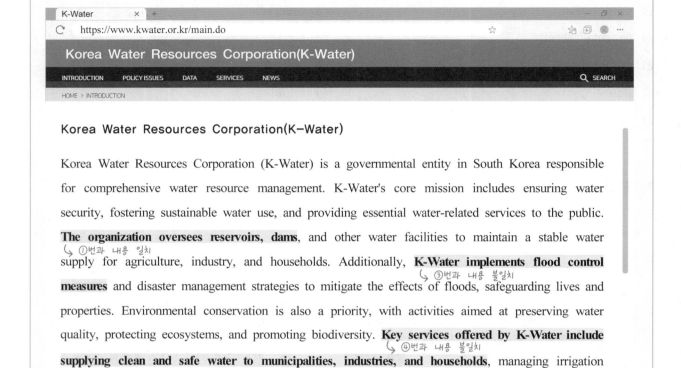

① It manages reservoirs and dams for water supply.
그것은 물 공급을 위해 저수지와 댐을 관리한다.

② It focuses on electricity production through water resources. → 언급 없음
그것은 수자원을 통한 전기 생산에 중점을 둔다.

③ It does not perform flood management functions. → 수행하고 있음
그것은 홍수 관리 기능을 수행하지 않는다.

④ It only offers services dedicated to the industrial sector. → 다른 서비스도 제공
그것은 산업 부문에만 전용 서비스를 제공한다.

2025 출제 기조 전환 적용 문제 ❹ 풀어보기

05 Korea Electronics and Telecommunications Research Institute에 관한 다음 글의 내용과 일치하는 것은?

제한시간 1분 30초

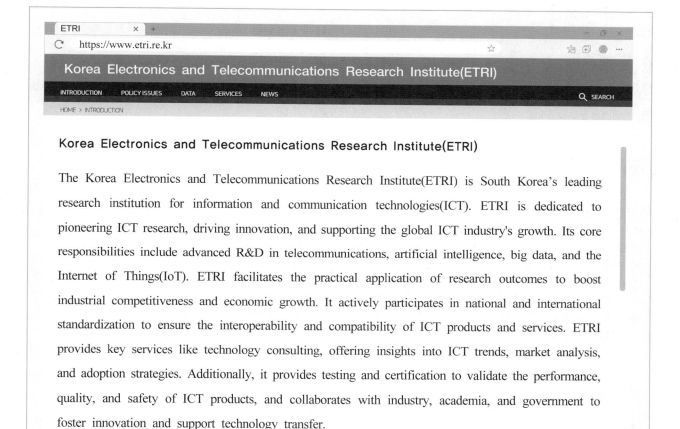

① It offers information services that the public can use in real life.

② Its secondary responsibilities encompass advanced R&D in artificial intelligence and big data.

③ It rarely cooperates with industry, academia, and government.

④ It engages in collaboration to foster innovation and aid technology transfer.

2025 출제 기조 전환 적용 문제 ❹ 분석하기

LEVEL-UP 어휘 테스트

❶ telecommunication _____
❷ institute _____
❸ institution _____
❹ core _____
❺ artificial intelligence _____

❻ application _____
❼ outcome _____
❽ competitiveness _____
❾ standardization _____
❿ validate _____

전체 지문 해석

한국전자통신연구원(ETRI)

한국전자통신연구원(ETRI)은 정보통신기술(ICT) 분야에서 한국을 선도하는 연구기관입니다. ETRI는 ICT 연구를 선도하고 혁신을 주도하며 글로벌 ICT 산업의 성장을 지원하는 데 전념하고 있습니다. 주요 업무는 통신, 인공지능, 빅데이터, 사물인터넷(IoT) 분야에서 첨단 연구개발을 수행하는 것입니다. ETRI는 연구 성과를 실용화하여 산업 경쟁력과 경제 성장을 촉진하고, ICT 제품 및 서비스의 상호운용성과 호환성을 보장하기 위한 국내외 표준화 활동에 적극참여하고 있습니다. ETRI는 기술 동향, 시장 분석 및 도입 전략에 대한 통찰력을 제공하는 기술 컨설팅을 비롯해, ICT 제품의 성능, 품질 및 안전성을 확인하기 위한 테스트와 인증 서비스를 제공하고, 산업, 학계 및 정부와 협력하여 기술 이전을 지원하고 혁신을 촉진하는 데 기여합니다.

LEVEL-UP 어휘 테스트 정답

❶ telecommunication 전기 통신
❷ institute 기관, 협회, 시작하다, 도입하다
❸ institution 기관, 단체, 협회
❹ core 핵심, (사과 같은 과일의) 속[심], 핵심적인, 중심적인
❺ artificial intelligence 인공 지능

❻ application 적용, 응용, 신청(서)
❼ outcome 결과, 성과
❽ competitiveness 경쟁력
❾ standardization 표준화
❿ validate 입증하다, 확인하다

2025 출제 기조 전환 적용 문제 ❹ Pen Checking 확인하기

05 Korea Electronics and Telecommunications Research Institute에 관한 다음 글의 내용과 일치하는 것은?

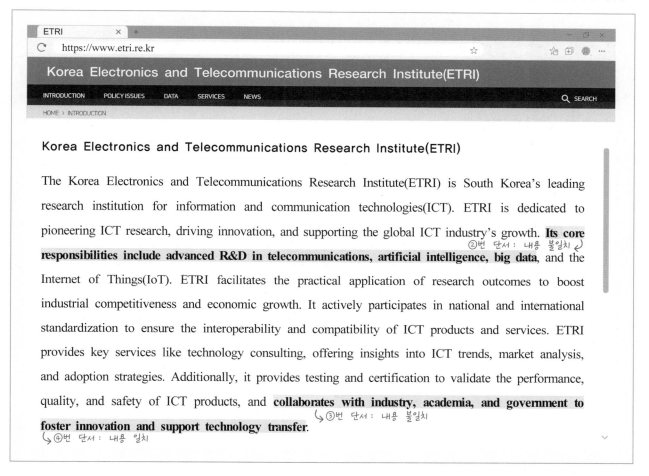

Korea Electronics and Telecommunications Research Institute(ETRI)

The Korea Electronics and Telecommunications Research Institute(ETRI) is South Korea's leading research institution for information and communication technologies(ICT). ETRI is dedicated to pioneering ICT research, driving innovation, and supporting the global ICT industry's growth. **Its core responsibilities include advanced R&D in telecommunications, artificial intelligence, big data**, and the Internet of Things(IoT). ETRI facilitates the practical application of research outcomes to boost industrial competitiveness and economic growth. It actively participates in national and international standardization to ensure the interoperability and compatibility of ICT products and services. ETRI provides key services like technology consulting, offering insights into ICT trends, market analysis, and adoption strategies. Additionally, it provides testing and certification to validate the performance, quality, and safety of ICT products, and **collaborates with industry, academia, and government to foster innovation and support technology transfer**.

②번 단서: 내용 불일치
③번 단서: 내용 불일치
④번 단서: 내용 일치

① It offers information services that the public can use in real life. → 언급 없음
그것은 대중이 실생활에서 사용할 수 있는 정보 서비스를 제공한다.

② Its ~~secondary~~ responsibilities encompass advanced R&D in artificial intelligence and big data.
그것의 부차적인 책임은 인공 지능과 빅 데이터의 고급 연구 및 개발을 포함한다. → 핵심적인 책임

③ It ~~rarely~~ cooperates with industry, academia, and government. → 협력함
그것은 거의 산업, 학계, 정부와 협력하지 않는다.

④ It engages in collaboration to foster innovation and aid technology transfer.
그것은 혁신을 촉진하고 기술 이전을 돕기 위해 협력에 참여한다.

New Trend
단기합격 길라잡이

진가영 영어
단기합격 독해
All In One

진가영 영어연구소 | cafe.naver.com/easyenglish7

단일형 문항 ③
중심 내용 파악
[주제 & 요지]

단일형 문항 ③
중심 내용 파악[주제 & 요지]

신경향 독해 출제 방향 및 학습 전략　　　　　　　　　　　　　　_ ⊟ ✕

☑ 글의 중심 내용 파악 유형은 주어진 지문을 읽고 전체적인 **주제**와 **요지**를 파악한 뒤 **핵심 내용을 대표할 수 있는 제목**을 도출해내는 능력을 측정하는 문항이다.

☑ 글의 중심 내용 파악 유형은 9급 출제 기조 전환 예시 문제를 기준으로 볼 때 **난도가 낮거나 중간인 유형**에 속하며 **한 문제** 출제될 것으로 예상된다.

☑ 글의 중심 내용 파악을 위해서는 **글의 첫 문장과 마지막 문장**, 또는 **역접의 연결사**(예 : however)가 제시된 경우 그 이후 부분을 중심으로 지문에서 제시되는 **반복적인 어구** 또는 **특정 개념**과 관련된 표현을 주의 깊게 살펴보아야 한다.

☑ 글의 중심 내용 파악 유형은 선택지에서 정답을 찾을 때 오답이 가진 특징을 잘 파악해야 한다. **오답은 주로 지문의 일부 내용 요소를 다루지만, 지문의 내용과 무관한 것을 언급하거나 중심 소재나 내용 요소를 언급하지 않는 특징**을 가졌다는 점에 주목해야 한다.

신경향 독해 문제풀이 전략　　　　　　　　　　　　　　　　　　_ ⊟ ✕

📌 '중심 내용 파악' 유형 문제 풀이 전략

STEP ① 선택지 확인 → 내용 예측하기

STEP ② 지문 확인 → 주제문 찾기

STEP ③ 단서 확인 후 선지 분석하기 → 오답 소거 후 정답 도출

찐팁 글의 논리 구조에 따른 주제문

1. 예시와 열거 - 예시와 열거가 시작되기 전 또는 끝난 이후에 주제문이 제시된다.
   ★ for example, for instance, for an illustration, to illustrate, to be specific, let's take an example, suppose, imagine
2. 통념과 반박/진실 - 반박이나 진실이 주제문이다.
3. 실험 또는 연구 인용 전문가의 견해 인용
   - 실험이나 연구의 절차나 과정을 설명하고 그에 관한 결과를 제시하거나 권위 있는 전문가의 의견이 제시된다.
4. 문제점과 해결책 또는 질문과 답변 - 해결책이나 답변은 주로 주제문이다.
5. 비교와 대조 - 공통점 또는 차이점이 주로 주제문이다.
6. 순서 - 시간적 순서 또는 절차적 순서가 시작되기 전이나 후에 주로 주제문이 제시된다.
7. 기타 주제문을 알려주는 표현
   ★ Should, must, have to, need to 등 "~해야 한다"라는 표현을 담고 있는 문장
   ★ So, thus, therefore와 같은 결론을 나타내는 문장
   ★ I believe, I think, I argue 등과 같은 필자의 견해를 나타내는 표현을 담고 있는 문장
   ★ 최상급, 비교급을 담고 있는 문장

---

01 다음 글의 주제로 가장 적절한 것은?

제한시간 1분 30초

2025년 출제 기조 전환 예시 문제 14번

The Ministry of Food and Drug Safety warned that cases of food poisoning have occurred as a result of cross-contamination, where people touch eggs and neglect to wash their hands before preparing food or using utensils. To mitigate such risks, the ministry advised refrigerating eggs and ensuring they are thoroughly cooked until both the yolk and white are firm. Over the past five years, a staggering 7,400 people experienced food poisoning caused by Salmonella bacteria. Salmonella thrives in warm temperatures, with approximately 37 degrees Celsius being the optimal growth condition. Consuming raw or undercooked eggs and failing to separate raw and cooked foods were identified as the most common causes of Salmonella infection. It is crucial to prioritize food safety measures and adhere to proper cooking practices to minimize the risk of Salmonella-related illnesses.

① Benefits of consuming eggs to the immune system

② Different types of treatments for Salmonella infection

③ Life span of Salmonella bacteria in warm temperatures

④ Safe handling of eggs for the prevention of Salmonella infection

CHAPTER

05

2025 출제 기조 전환 예시 문제 ❶ 분석하기

LEVEL-UP 어휘 테스트

❶ ministry _____

❷ food poisoning _____

❸ utensil _____

❹ mitigate _____

❺ yolk _____

❻ staggering _____

❼ thrive _____

❽ temperature _____

❾ degree _____

❿ optimal _____

⓫ raw _____

⓬ undercooked _____

⓭ infection _____

⓮ prioritize _____

⓯ adhere to _____

⓰ minimize _____

⓱ illness _____

전체 지문 해석

식품의약품안전처는 음식을 준비하거나 도구를 사용하기 전에 사람들이 달걀을 만지고 손을 씻는 것에 소홀하는 교차 오염의 결과로 식중독 사례가 발생했다고 경고했다. 이러한 위험을 완화시키기 위해 식약처는 달걀을 냉장 보관하고 노른자와 흰자가 모두 단단해질 때까지 그것들을 완전히 익힐 것을 권고했다. 지난 5년간, 놀랍게도 7,400명의 사람들이 살모넬라균에 의해 야기된 식중독을 경험했다. 살모넬라균은 따뜻한 온도에서 번성하며, 대략 섭씨 37도가 최적의 성장 조건이다. 날달걀 또는 설익은 달걀을 먹고 날음식과 익힌 음식을 분리하지 못하는 것이 살모넬라균 감염의 가장 흔한 원인으로 확인되었다. 살모넬라균과 관련된 질병의 위험을 최소화하기 위해 식품 안전 조치를 우선시하고 적절한 조리 관행을 지키는 것이 중요하다.

LEVEL-UP 어휘 테스트 | 정답

❶ ministry — (정부의) 부, 부처, 목사

❷ food poisoning — 식중독

❸ utensil — 도구, 기구, 가정용품

❹ mitigate — 완화시키다, 경감시키다

❺ yolk — (달걀 등의) 노른자(위)

❻ staggering — 놀랍게도, 충격적인, 믿기 어려운, 비틀거리는

❼ thrive — 번성하다, 번영하다, 성장하다, 잘 자라다

❽ temperature — 온도, 기온, 체온

❾ degree — (온도 단위인) 도, 정도, 학위, 등급

❿ optimal — 최적의, 최선의

⓫ raw — 날것의, 익히지 않은, 가공되지 않은

⓬ undercooked — (음식이) 설익은

⓭ infection — 감염, 전염병

⓮ prioritize — 우선시하다, 우선순위를 매기다, 우선적으로 처리하다

⓯ adhere to — 지키다, ~을 고수하다

⓰ minimize — 최소화하다, 축소하다

⓱ illness — 질병, 질환, 아픔

2025 출제 기조 전환 예시 문제 ① Pen Checking 확인하기

01 다음 글의 주제로 가장 적절한 것은?

> ↗글의 주제 : 교차오염으로 인한 식중독[문제]
>
> **The Ministry of Food and Drug Safety warned that cases of food poisoning have occurred as a result of cross-contamination,** where people touch eggs and neglect to wash their hands before preparing food or using
> ↗글의 주제문[해결] : 달걀을 냉장보관하고 완전히 익히기
> utensils. **To mitigate such risks, the ministry advised refrigerating eggs and ensuring they are thoroughly cooked until both the yolk and white are firm.** Over the past five years, a staggering 7,400 people experienced food poisoning caused by Salmonella bacteria. Salmonella thrives in warm temperatures, with approximately 37 degrees Celsius being the optimal growth condition. Consuming raw or undercooked eggs and failing to separate raw and cooked foods were identified as the most common causes of Salmonella infection. **It is crucial to prioritize food safety measures and adhere to proper cooking practices to minimize the risk of Salmonella-related illnesses.** – 글의 주제문[해결] : 살모넬라균 관련 질병을 최소화하기 위해 안전조치 우선시하고 적절한 조리 관행 지키기

① ~~Benefits~~ of consuming eggs to the ~~immune system~~
계란 섭취가 면역 체계에 미치는 이점

② ~~Different types of treatments~~ for Salmonella infection
살모넬라균 감염에 대한 다양한 치료 방법

③ ~~Life span~~ of Salmonella bacteria in warm temperatures
따뜻한 온도에서 살모넬라균의 수명

④ Safe handling of eggs for the prevention of Salmonella infection
살모넬라균 감염 예방을 위한 계란의 안전한 취급 방법 ↳ 해결   ↳ 문제

— 예상되는 글의 주제 : 살모넬라균

CHAPTER 05

2025 출제 기조 전환 예시 문제 ❷ 풀어보기

02 다음 글의 요지로 가장 적절한 것은?

🕐 제한시간 1분 30초

2025년 출제 기조 전환 예시 문제 15번

Despite ongoing efforts to address educational disparities, the persistent achievement gap among students continues to highlight significant inequities in the education system. Recent data reveal that marginalized students, including those from low-income back grounds and vulnerable groups, continue to lag behind their peers in academic performance. The gap poses a challenge to achieving educational equity and social mobility. Experts emphasize the need for targeted interventions, equitable resource allocation, and inclusive policies to bridge this gap and ensure equal opportunities for all students, irrespective of their socioeconomic status or background. The issue of continued educational divide should be addressed at all levels of education system in an effort to find a solution.

① We should deal with persistent educational inequities.

② Educational experts need to focus on new school policies.

③ New teaching methods are necessary to bridge the achievement gap.

④ Family income should not be considered in the discussion of education.

2025 출제 기조 전환 예시 문제 ❷ 분석하기

LEVEL-UP 어휘 테스트

❶ despite _____
❷ ongoing _____
❸ disparity _____
❹ persistent _____
❺ highlight _____
❻ inequity _____
❼ reveal _____
❽ marginalize _____
❾ low-income _____
❿ background _____
⓫ vulnerable _____
⓬ lag behind _____

⓭ pose _____
⓮ challenge _____
⓯ equity _____
⓰ mobility _____
⓱ emphasize _____
⓲ intervention _____
⓳ equitable _____
⓴ allocation _____
㉑ inclusive _____
㉒ bridge the gap _____
㉓ status _____
㉔ address _____

전체 지문 해석

교육 격차를 해결하기 위한 지속적인 노력에도 불구하고, 학생들 간의 끊임없이 지속되는 성취 격차는 교육 체제의 상당한 불평등을 계속해서 강조하고 있다. 최근 자료들은 저소득층 배경과 취약 계층을 포함한 소외된 학생들이 학업 성적에서 동료들보다 계속 뒤처지고 있음을 보여준다. 격차는 교육 형평성과 사회 이동성을 달성하는 데 어려움을 제기한다. 전문가들은 이러한 격차를 해소하고 사회경제적 지위나 배경에 관계없이 모든 학생들에게 균등한 기회를 보장하기 위해 표적적 개입, 공평한 자원 배분, 포용적 정책의 필요성을 강조한다. 지속적인 교육 격차의 문제는 교육 체제의 모든 수준에서 해결책을 찾기 위한 노력으로 해결되어야 한다.

LEVEL-UP 어휘 테스트 정답

❶ despite ~에도 불구하고
❷ ongoing 지속적인, 계속 진행 중인
❸ disparity 격차, 차이
❹ persistent 끊임없이 지속되는, 끈질긴, 집요한
❺ highlight 강조하다, 돋보이게 하다
❻ inequity 불공평, 불공정
❼ reveal 드러내다, 나타내다, 밝히다
❽ marginalize ~을 소외되게 하다, 사회적으로 무시하다
❾ low-income 저소득의
❿ background 배경, 배후 사정
⓫ vulnerable 취약한, 연약한
⓬ lag behind ~보다 뒤(처)지다, 뒤떨어지다
⓭ pose 제기하다, 두다, 놓다, 자세[태도]를 취하다, ~인 체하다
⓮ challenge 어려움, 도전, 이의를 제기하다
⓯ equity 형평성, 공평, 공정
⓰ mobility 이동성, 기동성, 유동성
⓱ emphasize 강조하다
⓲ intervention 개입, 간섭
⓳ equitable 공평한, 공정한
⓴ allocation 배분, 할당
㉑ inclusive 포용적인, 포괄적인, 포함된
㉒ bridge the gap 격차를 해소하다
㉓ status 지위, 신분, 자격
㉔ address 해결하다, 다루다, 연설하다, 주소, 연설

2025 출제 기조 전환 예시 문제 ❷ Pen Checking 확인하기

02 다음 글의 요지로 가장 적절한 것은?

→ 글의 주제 : 지속적인 교육 격차[문제]

Despite ongoing efforts to address educational disparities, the persistent achievement gap among students continues to highlight significant inequities in the education system. **Recent data reveal that marginalized students,** including those from low-income back grounds and vulnerable groups, **continue to lag behind their peers in academic performance.** The gap poses a challenge to achieving educational equity and social mobility. Experts emphasize the need for targeted interventions, equitable resource allocation, and inclusive policies to bridge this gap and ensure equal opportunities for all students, irrespective of their socioeconomic status or background. **The issue of continued educational divide should be addressed at all levels of education system in an effort to find a solution.** → 글의 주제문[해결]

= 지속적인 교육 격차의 문제는 모든 수준에서 해결책을 찾기 위한 노력으로 해결되어야 함

↑해결   ↑문제
① We should deal with persistent educational inequities.
   우리는 지속적인 교육 불평등을 해결해야 한다.

② Educational experts need to focus on new school policies.
   교육 전문가들은 새로운 학교 정책에 집중해야 한다.

③ New teaching methods are necessary to bridge the achievement gap.
   성취 격차를 해소하기 위해 새로운 교수 방법이 필요하다.

④ Family income should not be considered in the discussion of education.
   교육 논의에서 가정 소득은 고려되지 않아야 한다.

— 예상되는 글의 주제 : 교육

03 다음 글의 주제로 가장 적절한 것은?

제한시간 1분 30초

In the past, being alone meant facing significant challenges, almost akin to a death sentence in pre-modern societies. In tribal communities, survival was nearly impossible without being part of a group, making it absolutely necessary to be part of a collective. Thus, we have an innate desire to form groups, join them, stay within them, and oppose other groups. For instance, in school, we form friendships, conform to group behavior to belong, and compete with other groups. However, once we recognize 'them,' we begin to take the side of 'us.' Specifically, when supporting a soccer team, we view the opposing team as 'enemies' and rally behind our own team. Therefore, when faced with a choice between outcomes beneficial to both teams or one more favorable to our team, we tend to choose the latter.

① Tendency to prefer the group that one identifies with
② Ways to ease one's irrational fear of other groups
③ Importance of forming groups with different interests
④ Tips for staying objective during group competition

CHAPTER

05

2025 출제 기조 전환 적용 문제 ❶ 분석하기

LEVEL-UP 어휘 테스트

❶ mean _____

❷ death sentence _____

❸ collective _____

❹ innate _____

❺ conform _____

❻ rally behind _____

❼ beneficial _____

❽ favorable _____

전체 지문 해석

과거에는 홀로 있는 것이 상당한 어려움을 맞닥뜨리는 것을 의미했으며, 근대 이전의 사회에서는 사형 선고와 같았다. 부족 사회에서는 집단의 일원이 되지 않으면 생존이 거의 불가능했기 때문에 집단의 일원이 되는 것이 절대적으로 필요했다. 그래서 우리는 집단을 형성하고, 그 집단에 합류하며, 그 안에 머무르고, 다른 집단에 반대하는 선천적인 욕구를 가지고 있다. 예를 들어, 학교에서는 친구를 사귀고, 집단 행동에 순응하여 소속감을 느끼고, 다른 집단과 경쟁한다. 그러나 일단 '그들'을 인식하게 되면, 우리는 '우리' 편을 들기 시작한다. 구체적으로 말하자면 축구팀을 응원할 때 우리는 상대 팀을 '적'으로 보고 우리 팀을 응원하기 위해 모인다. 따라서 두 팀 모두에게 이로운 결과와 우리 팀에만 더 유리한 결과 중에서 선택해야 할 때, 우리는 후자를 선택하는 경향이 있다.

LEVEL-UP 어휘 테스트 정답

❶ mean — 의미하다, 의도하다

❷ death sentence — 사형 선고

❸ collective — 집단적인, 공동의

❹ innate — 선천적인, 타고난

❺ conform — 순응하다, 따르다, ~에 일치하다

❻ rally behind — 응원하기 위해 모이다

❼ beneficial — 이로운, 유익한

❽ favorable — 유리한, 호의적인, 형편에 알맞은

03 다음 글의 주제로 가장 적절한 것은?

In the past, being alone meant facing significant challenges, almost akin to a death sentence in pre-modern societies. In tribal communities, survival was nearly impossible without being part of a group, making it
↱ 글의 주제 : 집단에 소속되고 싶은 욕망은 선척적임
absolutely necessary to be part of a collective. **Thus, we have an innate desire to form groups, join them, stay within them, and oppose other groups.** **For instance**, in school, we form friendships, conform to group behavior to belong, and compete with other groups. **However**, once we recognize 'them,' we begin to take the side of 'us.' Specifically, when supporting a soccer team, we view the opposing team as 'enemies' and rally behind our own team. **Therefore**, when faced with a choice between outcomes beneficial to both teams or one more favorable to our team, we tend to choose the latter.

① Tendency to prefer the group that one identifies with
자신이 속한 집단을 선호하는 경향

② Ways to ease one's irrational fear of other groups
다른 집단에 대한 비합리적인 두려움을 완화하는 방법

③ Importance of forming groups with different interests
다양한 관심사를 가진 집단을 형성하는 것의 중요성

④ Tips for staying objective during group competition
집단 간 경쟁에서 객관성을 유지하는 팁

— 예상되는 글의 주제 : 집단

CHAPTER 05

2025 출제 기조 전환 적용 문제 ❷ 풀어보기 ‖‖

04 다음 글의 요지로 가장 적절한 것은? ⏰ 제한시간 1분 30초

In a wine study, researchers found little to no connection between the taste of wine and its price when participants sampled wine without knowing its cost. However, a significant correlation appeared when the wine was labeled with its price. This wasn't solely due to participants consciously believing that pricier wine would taste better and adjusting their perceptions accordingly. Instead, this effect wasn't limited to conscious awareness. Brain scans of participants revealed that when they consumed wine labeled as more expensive, even if it was actually the same wine labeled as cheaper, it triggered the taste centers associated with satisfaction more strongly than when it was labeled as cheaper. This phenomenon is akin to the placebo effect, suggesting that taste perception is influenced not only by sensory input but also by psychological factors. In essence, you're not just evaluating the flavor of the wine; you're also assessing its perceived value.

① We fool ourselves into thinking our unplanned buying was reasonable.

② We immediately dismiss opposing opinions without any consideration.

③ The brain shows consistent response regardless of personal preference.

④ The perceived value of a product influences one's subjective experience of it.

2025 출제 기조 전환 적용 문제 ❷ 분석하기

LEVEL-UP 어휘 테스트

❶ researcher _____
❷ connection _____
❸ participant _____
❹ sample _____
❺ correlation _____
❻ label _____
❼ solely _____
❽ pricey _____

❾ conscious _____
❿ trigger _____
⓫ satisfaction _____
⓬ cheap _____
⓭ akin _____
⓮ placebo effect _____
⓯ perception _____
⓰ psychological _____

전체 지문 해석

와인 연구에서, 연구자들은 참가자들이 가격을 알지 못한 채 와인을 시음했을 때 와인의 맛과 가격 사이에는 거의 연관성이 없다는 것을 발견했다. 그러나 와인의 가격이 표시되었을 때는 상당한 상관관계가 나타났다. 이는 참가자들이 의식적으로 값비싼 와인이 더 맛있다고 믿고 그에 따라 인식을 조정했기 때문만은 아니었다. 대신, 이 효과는 의식적인 인식에만 국한되지 않았다. 참가자들의 뇌 스캔 결과 실제로는 더 저렴한 와인이 표시된 경우와 동일한 와인이라 할지라도, 더 비싼 와인으로 표시되는 경우에 만족감과 관련된 미각 중심이 더 활성화 되었다. 이 현상은 플라시보 효과와 유사하며, 맛의 인식이 감각적인 입력뿐만 아니라 심리적인 요인에 의해서도 영향을 받는다는 것을 시사한다. 본질적으로, 와인의 맛을 평가할 때 단순히 맛만 평가하는 것이 아니라 그 와인의 인식된 가치도 평가하고 있는 것이다.

LEVEL-UP 어휘 테스트 정답

❶ researcher — 연구원, 조사원
❷ connection — 연관성, 관련성, 연결, 접속
❸ participant — 참가자
❹ sample — 시음[시식]하다, 맛보다, 시도해 보다, 표본, 샘플
❺ correlation — 상관관계, 연관성
❻ label — 라벨을 붙이다, 표시하다, 표, 라벨, 상표
❼ solely — 오로지, 단지, 단독으로
❽ pricey — 값비싼

❾ conscious — 의식하는, 자각하는
❿ trigger — 촉발시키다, 방아쇠, 계기
⓫ satisfaction — 만족, 흡족, 충족
⓬ cheap — 값이 싼
⓭ akin — ~와 유사한, 혈족의, 동족의
⓮ placebo effect — 플라시보 효과
⓯ perception — 인식, 지각, 통찰력
⓰ psychological — 심리적인, 정신적인, 심리학적인

2025 출제 기조 전환 적용 문제 ❷ Pen Checking 확인하기 ||||||||||||||||||||||||||||||||||||||||||||||||||||||||

04 다음 글의 요지로 가장 적절한 것은?

> 구체적인 실험에 대한 설명

In a wine study, **researchers found** little to no connection between the taste of wine and its price when participants sampled wine without knowing its cost. **However**, a significant correlation appeared when the wine was labeled with its price. This wasn't solely due to participants consciously believing that pricier wine would taste better and adjusting their perceptions accordingly. **Instead**, this effect wasn't limited to conscious awareness. **Brain scans of participants revealed that** when they consumed wine labeled as more expensive, even if it was actually the same wine labeled as cheaper, it triggered the taste centers associated with satisfaction more strongly than when it was labeled as cheaper. This phenomenon is akin to the placebo effect, suggesting that taste perception is influenced not only by sensory input but also by psychological factors. **In essence, you're not just evaluating the flavor of the wine; you're also assessing its perceived value.**

↳ 글의 주제문[연구 결과] : 와인의 인식된 가치를 평가함

① We fool ourselves into thinking our unplanned buying was reasonable.
   우리는 계획하지 않은 구매가 합리적이었다고 스스로 속인다.

② We immediately dismiss opposing opinions without any consideration.
   우리는 반대 의견을 아무런 고려 없이 즉시 묵살한다.

③ The brain shows consistent response regardless of personal preference.
   뇌는 개인적인 선호와 상관없이 일관된 반응을 보인다.

④ The perceived value of a product influences one's subjective experience of it.
   제품에 대한 인지된 가치가 그것에 대한 주관적인 경험에 영향을 미친다.

2025 출제 기조 전환 적용 문제 ❸ 풀어보기

05 다음 글의 주제로 가장 적절한 것은?   🕐 제한시간 1분 30초

It's easy to think that things far away in space or time aren't important because we can't see them. But the world doesn't end at our doorstep or our country's borders, and it doesn't end with our generation either. This is common sense. A well-known proverb says, "Society grows great when old men plant trees whose shade they know they will never sit in." When dealing with radioactive waste, we don't ask, "Should we care if this harms people hundreds of years from now?" Likewise, those of us concerned about climate change or environmental pollution aren't just thinking about people alive today. We build museums, parks, and bridges to last for generations, invest in schools and long-term scientific projects, preserve art, traditions, and languages, and protect beautiful places. We often don't separate concerns for the present and the future. Both are important to us.

① The Power of Time and Space Management : The Key to Success

② Why Is Green Infrastructure Eventually Necessary?

③ Solving Present-Day Problems from Past Experiences

④ Our Actions beyond the Boundaries of Time

2025 출제 기조 전환 적용 문제 ❸ 분석하기

LEVEL-UP 어휘 테스트

❶ far away _____

❷ space _____

❸ doorstep _____

❹ border _____

❺ generation _____

❻ common sense _____

❼ well-known _____

❽ proverb _____

❾ deal with _____

❿ radioactive waste _____

⓫ harm _____

⓬ climate _____

⓭ invest _____

⓮ preserve _____

⓯ separate _____

⓰ present _____

전체 지문 해석

우리는 공간이나 시간상 멀리 떨어진 것들은 직접 볼 수 없기 때문에 중요하지 않다고 생각하기 쉽다. 하지만 세상은 우리의 문간이나 국경에서 끝나지 않으며, 우리 세대로 끝나지도 않는다. 이것은 상식이다. 잘 알려진 속담에는 "나무 그늘 안에 결코 앉지 못할 것을 아는 노인들이 나무를 심을 때 사회는 크게 성장한다"라고 말이 있다. 방사성 폐기물을 처리할 때, 우리는 "이것이 몇 백 년 후에도 사람들에게 해를 끼칠지 우리가 신경 써야 할까?"라고 묻지 않는다. 마찬가지로 기후 변화나 환경 오염에 대해 걱정하는 사람들은 오늘날 살아 있는 사람들만 생각하는 것이 아니다. 우리는 세대를 넘어서 지속될 박물관, 공원, 다리를 건설하고 학교와 장기적인 과학 프로젝트에 투자하고 예술, 전통, 언어를 보존하고 아름다운 장소를 보호한다. 우리는 종종 현재와 미래에 대한 걱정을 나누지 않는다. 둘 다 우리에게 중요하다.

LEVEL-UP 어휘 테스트 정답

❶ far away — 멀리 떨어진, 먼

❷ space — 공간, 장소, 간격을 두다

❸ doorstep — 문간(의 계단)

❹ border — 국경, 경계, 가장자리, 접하다

❺ generation — 세대, 대

❻ common sense — 상식

❼ well-known — 잘 알려진, 유명한

❽ proverb — 속담, 격언

❾ deal with — 처리하다, 다루다

❿ radioactive waste — 방사성 폐기물

⓫ harm — 해를 끼치다, 손상시키다, 피해, 손해

⓬ climate — 기후, 분위기, 풍조

⓭ invest — 투자하다

⓮ preserve — 보존하다, 관리하다, 보호하다, 지키다

⓯ separate — 분리하다, 헤어지다, 분리된, 별개의

⓰ present — 현재, 지금, 선물, 현재의, 참석한

05 다음 글의 주제로 가장 적절한 것은?

↱통념: 멀리 떨어져 있는 것은 중요하지 않다는 생각

It's easy to think that things far away in space or time aren't important because we can't see them. But the world doesn't end at our doorstep or our country's borders, and it doesn't end with our generation either. This
↳글의 주제문[반박]
is common sense. A well-known proverb says, "Society grows great when old men plant trees whose shade they know they will never sit in." When dealing with radioactive waste, we don't ask, "Should we care if this harms people hundreds of years from now?" Likewise, those of us concerned about climate change or environmental pollution aren't just thinking about people alive today. We build museums, parks, and bridges to last for generations, invest in schools and long-term scientific projects, preserve art, traditions, and languages, and protect beautiful places. **We often don't separate concerns for the present and the future. Both are important to us**. → 글의 주제문: 우리에게 현재와 미래 둘다 중요함

① The Power of Time and Space Management : The Key to Success
  시간과 공간 관리의 힘: 성공의 열쇠

② Why Is Green Infrastructure Eventually Necessary?
  녹색 인프라는 결국 왜 필요한가?

  ┤ 예상되는 글의 주제: 시간

③ Solving Present-Day Problems from Past Experiences
  과거 경험으로 현재의 문제 해결하기

④ Our Actions beyond the Boundaries of Time
  시간의 경계를 넘어서는 우리의 행동

CHAPTER

05

06 다음 글의 요지로 가장 적절한 것은?

Adult learners typically view themselves as being in control of their lives and have a strong desire to be recognized as capable of managing their own learning. Therefore, they require the freedom and independence to take responsibility for their choices and actively participate in shaping their educational experiences. Instead of adopting the traditional "sage on the stage" approach, instructors working with adult learners should take on the role of a "guide on the side" — acting as facilitators of learning, mentors, and coaches who collaborate with learners to enhance their academic success. This role extends beyond simply delivering course content and includes tasks such as assisting learners in time management, promoting engagement, assigning meaningful learning activities, and providing support for overall growth and development.

① Adults should be recognized as independent beings.

② Teachers who teach adult learners should play the role of guides.

③ Teachers should proceed with the class with knowledge transfer as the top priority.

④ Teachers should use visual materials regardless of students' ages.

2025 출제 기조 전환 적용 문제 ❹ 분석하기 |||||||||||||||||||||||||||||||||||||||||||

LEVEL-UP 어휘 테스트

❶ desire _____
❷ manage _____
❸ freedom _____
❹ independence _____
❺ participate _____
❻ sage _____
❼ instructor _____
❽ facilitator _____

❾ enhance _____
❿ beyond _____
⓫ deliver _____
⓬ include _____
⓭ task _____
⓮ assist _____
⓯ management _____
⓰ assign _____

전체 지문 해석

성인 학습자들은 일반적으로 자기 자신의 삶을 통제하고 있다고 생각하며, 자신의 학습을 관리할 수 있는 능력이 있다고 인정받고자 하는 강한 열망을 가지고 있다. 따라서 이들은 선택에 대한 책임을 지고 교육 경험을 형성하는 데 적극적으로 참여할 수 있는 자유와 독립성이 요구된다. 성인 학습자와 협력하는 선생님은 전통적인 "무대 위의 현자" 접근 방식을 채택하는 대신 학습자의 학업 성공을 향상하기 위해 학습의 조력자, 멘토 및 학습자와 협력하는 코치 역할을 하는 "옆에서의 안내자" 역할을 수행해야 한다. 이런 역할은 단순히 강의 내용을 전달하는 것을 너머 시간 관리 지원, 참여 촉진, 의미 있는 학습 활동 배정, 전반적인 성장과 발전을 위한 지원 등과 같은 과업을 포함한다.

LEVEL-UP 어휘 테스트 정답

❶ desire — 욕구, 갈망, 바람, 바라다, 원하다
❷ manage — 관리하다, 운영하다, 간신히 해내다, 살아 나가다
❸ freedom — 자유
❹ independence — 독립, 자립
❺ participate — 참가하다, 참여하다
❻ sage — 현자, 현명한
❼ instructor — 강사, 교사
❽ facilitator — 조력자, 협력자

❾ enhance — 향상시키다, 높이다
❿ beyond — 너머, 저편에, 그 너머에, 그 이후에
⓫ deliver — 전달하다, 배달하다, 데리고 가다
⓬ include — 포함하다, 포함시키다
⓭ task — 과업, 과제, 일, 과업[과제]을 맡기다
⓮ assist — 지원하다, 돕다, 도움이 되다
⓯ management — 관리, 경영, 운영
⓰ assign — 배정하다, 맡기다, 할당하다, 선임하다, 파견하다, 배치하다

2025 출제 기조 전환 적용 문제 ❹ Pen Checking 확인하기 |||||||||||||||||||||||||||||||||||||||||||||||||||||||||||||||||

06 다음 글의 요지로 가장 적절한 것은?

글의 주제문 : 성인을 가르치는 교사 → 안내자 역할

Adult learners typically view themselves as being in control of their lives and have a strong desire to be recognized as capable of managing their own learning. **Therefore, they require the freedom and independence to take responsibility for their choices and actively participate in shaping their educational experiences**. Instead of adopting the traditional "sage on the stage" approach, **instructors working with adult learners should take on the role of a "guide on the side"** — acting as facilitators of learning, mentors, and coaches who collaborate with learners to enhance their academic success. This role extends beyond simply delivering course content and includes tasks such as assisting learners in time management, promoting engagement, assigning meaningful learning activities, and providing support for overall growth and development.

① Adults should be recognized as ~~independent beings~~.
성인은 독립된 존재로 인식되어야 한다.

② Teachers who teach adult learners should play the role of guides.
성인 학습자를 가르치는 교사는 안내자의 역할을 해야 한다.

③ Teachers should proceed with the class with ~~knowledge transfer as the top priority~~.
교사는 지식 전달을 최우선으로 하여 수업을 진행해야 한다.

④ Teachers should use ~~visual materials~~ regardless of students' ages.
교사는 학생들의 나이에 상관없이 시각 자료를 사용해야 한다.

예상되는 글의 주제 : 선생님

MEMO

New Trend
단기합격 길라잡이

진가영 영어
단기합격 독해
All In One

진가영 영어연구소 | cafe.naver.com/easyenglish7

Chapter

06

단일형 문항 ④
문장 제거

CHAPTER

06 단일형 문항 ④ 문장 제거

신경향 독해 출제 방향 및 학습 전략   _ ⏹ ✕

- ☑ 문장 제거 유형은 쓰기 능력을 간접적으로 평가하기 위한 유형 중 하나로 **좋은 글쓰기를 위해 필요한 통일성**(하나의 단락에 하나의 주제), **일관성**(문장이나 내용이 서로 긴밀하게 구성되어야 한다는 원리), **그리고 응집성**(문장과 문장 사이를 구성하는 여러 요소들 사이의 표면적인 연결 관계)**에 대한 이해도를 평가**한다.

- ☑ 문장 제거 유형은 9급 출제 기조 전환 예시 문제를 기준으로 볼 때 **난도가 낮거나 중간인 유형**에 속하며 **한 문제** 출제될 것으로 예상된다.

- ☑ 문장 제거 유형 문제에서 **글의 초반부에 언급된 주제**(topic)**를 포함하고 있는지를 확인**하는 것이 중요하다.

- ☑ 문장 제거 유형에서 **글의 초반부에 언급된 주제**(topic)**가 없다면 흐름상 어색한 문장일 가능성이 높다.** 이때 주의할 점은 **주제**(topic)**는 같은 단어로 표현되지 않을 수도 있기** 때문에 지문의 단어나 표현들을 맥락 속에서 파악하면서 각 문장에 주제(topic)가 존재하는지 확인해야 한다.

- ☑ 문장 제거 유형 문제에서 **바로 앞 문장에 언급된 특정 단어를 설명하는 문장**은 흐름상 어색한 문장일 가능성이 높기 때문에 주의한다.

- ☑ 문장 제거 유형 문제에서 **주제와 정반대되는 내용의 문장이 갑자기 나온다면** 흐름상 어색한 문장일 가능성이 높기 때문에 주의한다.

신경향 독해 문제풀이 전략   _ ⏹ ✕

📌 '문장 제거' 유형 문제 풀이 전략

   STEP ① 글 초반에 언급되는 주제 확인 → 뒤에 이어질 글의 내용 예상하기

   STEP ② 각 문장이 주제와 연결되는지 확인 → 문장 간의 연결 여부 확인하기

   STEP ③ 흐름상 어색한 문장을 제외 → 문장 간의 연결 여부 확인하기

01 다음 글의 흐름상 어색한 문장은?

제한시간 1분 30초

2025년 출제 기초 전환 예시 문제 16번

Every parent or guardian of small children will have experienced the desperate urge to get out of the house and the magical restorative effect of even a short trip to the local park. ① <u>There is probably more going on here than just letting off steam.</u> ② <u>The benefits for kids of getting into nature are huge, ranging from better academic performance to improved mood and focus.</u> ③ <u>Outdoor activities make it difficult for them to spend quality time with their family.</u> ④ <u>Childhood experiences of nature can also boost environmentalism in adulthood.</u> Having access to urban green spaces can play a role in children's social networks and friendships.

CHAPTER

06

2025 출제 기조 전환 예시 문제 **분석하기**

LEVEL-UP 어휘 테스트

❶ guardian   _____

❷ desperate   _____

❸ urge   _____

❹ get out of   _____

❺ restorative   _____

❻ probably   _____

❼ going on   _____

❽ let off steam   _____

❾ get into   _____

전체 지문 해석

어린 아이들의 모든 부모나 보호자는 집에서 나가고 싶은 필사적인 충동과 심지어 지역 공원으로의 짧은 여행의 마법 같은 회복 효과를 경험했을 것이다. ① 여기서 아마도 단지 기분을 푸는 것 이상의 일이 일어나고 있을 것이다. ② 더 나은 학업 성취로부터 향상된 기분과 집중에 이르기까지, 아이들에게 자연에 들어가는 것의 이점들은 엄청나다. (③ 야외 활동들은 그들이 가족과 양질의 시간을 보내는 것을 어렵게 만든다.) ④ 자연에 대한 어린 시절의 경험들은 성인기에 환경 보호주의를 신장시킬 수도 있다. 도시의 녹지 공간에 접근하는 것은 아이들의 사회적 관계망과 우정에 역할을 할 수 있다.

LEVEL-UP 어휘 테스트 정답

❶ guardian — 보호자, 후견인
❷ desperate — 필사적인, 절망적인
❸ urge — 충동, 욕구, 충고하다, 권고하다
❹ get out of — ~에서 나오다, 도망치다
❺ restorative — 회복하는, 복원하는
❻ probably — 아마
❼ going on — (일이) 일어나고 있는
❽ let off steam — 기분을 풀다, 울분[열기 등]을 발산하다
❾ get into — ~에 들어가다, ~에 도착하다

01 다음 글의 흐름상 어색한 문장은?

Every parent or guardian of small children will have experienced the desperate urge to get out of the house

↪글의 주제 : 자연에 접근하는 것의 긍정적 측면[⊕ 내용]

and **the magical restorative effect of even a short trip to the local park.** ① There is probably **more going on**

here than just letting off steam. ② **The benefits for kids of getting into nature** are huge, ranging from better

↪①번 : 기분을 푸는 것[⊕ 내용]   ↪②번 : 이점들이 엄청남[⊕ 내용]

academic performance to improved mood and focus. ③ Outdoor activities **make it difficult for them** to spend

↪③번 : 어렵게 만듦[⊖ 내용] [글의 주제인 긍정적인 측면과 정반대 진술]

quality time with their family. ④ **Childhood experiences of nature can also boost environmentalism** in

↪④번 : 환경주의 신장[⊕ 내용]

adulthood. **Having access to urban green spaces can play a role in children's social networks and friendships.**

↪아이들의 사회적 관계망과 우정에 역할[⊕ 내용]

2025 출제 기조 전환 적용 문제 ❶ 풀어보기 ⫿⫿⫿⫿⫿⫿⫿⫿⫿⫿⫿⫿⫿⫿⫿⫿⫿⫿⫿⫿⫿⫿⫿⫿⫿⫿⫿⫿⫿⫿⫿⫿⫿⫿⫿⫿

02 다음 글의 흐름상 어색한 문장은?

🕐 제한시간 1분 30초

In a highly commercialized environment like the United States, it is not surprising that many landscapes are considered commodities, and those landscapes are valued because of their market potential. Residents develop their identity based in part on how the landscape can generate income for the community. ① <u>This process involves more than just converting elements of nature into commodities.</u> ② <u>The landscape itself takes the form of a commodity, including people and their self-consciousness.</u> ③ <u>In the United States, landscape protection is traditionally focused on protecting wilderness areas in mountainous areas.</u> ④ <u>Over time, landscape identity can develop into a kind of 'logo' that can be used to sell stories about landscapes.</u>

2025 출제 기조 전환 적용 문제 ❶ 분석하기

LEVEL-UP 어휘 테스트

❶ highly _____

❷ commercialize _____

❸ environment _____

❹ landscape _____

❺ commodity _____

❻ value _____

❼ potential _____

❽ resident _____

❾ identity _____

❿ generate _____

⓫ income _____

⓬ community _____

⓭ convert _____

⓮ consciousness _____

⓯ wilderness _____

⓰ mountainous _____

CHAPTER

06

전체 지문 해석

미국처럼 고도로 상업화된 환경에서는 많은 경관이 상품으로 여겨지는 것이 놀라운 일이 아니며, 이러한 경관들이 시장 잠재력으로 인해 가치 있게 여겨진다. 주민들은 경관이 지역 사회를 위해 어떻게 소득을 발생시킬 수 있는가에 부분적으로 기초하여 정체성을 발전시킨다. ① 이 과정은 단순히 자연의 요소들을 상품으로 전환하는 것 이상을 포함한다. ② 경관 자체가 상품의 형태를 띠게 되며, 사람들과 그들의 자아 의식도 포함된다. (③ 미국에서 경관 보호는 산악 지대에 있는 황무지 지역을 보호하는 데 전통적으로 초점을 두고 있다.) ④ 시간이 지남에 따라, 경관 정체성은 경관에 대한 이야기를 판매하기 위해 사용할 수 있는 일종의 '로고'로 발전할 수 있다.

LEVEL-UP 어휘 테스트 정답

❶ highly — 고도로, 대단히, 매우

❷ commercialize — 상업화하다

❸ environment — 환경

❹ landscape — 경관, 풍경

❺ commodity — 상품, 물품

❻ value — 가치있게 여기다, 평가하다, 가치

❼ potential — 잠재력, 가능성, 잠재적인

❽ resident — 주민, 거주자

❾ identity — 정체성, 신원

❿ generate — 발생시키다, 일으키다

⓫ income — 소득, 수입

⓬ community — 지역 사회, 공동체

⓭ convert — 전환시키다, 개조하다

⓮ consciousness — 의식, 자각

⓯ wilderness — 황무지, 황야

⓰ mountainous — 산악의, 산이 많은

02 다음 글의 흐름상 어색한 문장은?

글의 주제 : 자연경관의 상품화

In a highly commercialized environment like the United States, it is not surprising that **many landscapes are considered commodities**, and those landscapes are valued because of their market potential. Residents develop their identity based in part on **how the landscape can generate income for the community**. ① <u>This process involves **more than just converting elements of nature into commodities**</u>. ② <u>**The landscape itself takes the form of a commodity**, including people and their self-consciousness</u>. ③ <u>In the United States, **landscape protection** is traditionally focused on protecting wilderness areas in mountainous areas</u>. ④ <u>Over time, landscape identity can develop into a kind of 'logo' that can be used to **sell stories about landscapes**</u>.

①번 : 자연의 요소를 상품으로 전환

②번 : 경관 자체가 상품

③번 : 경관보호 글의 주제인 상품에 대한 내용이 없음

④번 : 경관에 대한 판매

03 다음 글의 흐름상 어색한 문장은?

제한시간 1분 30초

Humor can perhaps reshape an event that can cause discord into just a 'funny' event that is understood to be helpful to the integrated values held by members of the organization. ① Repeating humorous events in detail strengthens the unity based on the core values of the organization. ② For example, a team repeated the story of a large garbage dumpster fire, which on the surface did not seem funny, but the reaction of employees who were motivated to stay safe as the story was shared multiple times by various parties in the workplace drew laughter. ③ Also, a shared event that causes laughter can indicate a sense of belonging because 'you have to be there' to understand the humor in the event. ④ Because humor can easily capture people's attention, commercials tend to include humorous elements, such as funny faces and gestures. An example of humor plays a role in creating bonds among members of the organization, and even understanding humor can be an informal identity indicating that you are a member of the organization.

CHAPTER

06

■ 2025 출제 기조 전환 적용 문제 ❷ 분석하기

LEVEL-UP 어휘 테스트

❶ perhaps _____
❷ discord _____
❸ integrated _____
❹ organization _____
❺ repeat _____
❻ strengthen _____
❼ core _____
❽ dumpster _____
❾ surface _____
❿ employee _____

⓫ motivate _____
⓬ workplace _____
⓭ laughter _____
⓮ indicate _____
⓯ belong _____
⓰ attention _____
⓱ commercial _____
⓲ play a role in _____
⓳ bond _____
⓴ informal _____

전체 지문 해석

유머는 아마도 불화를 일으킬 수 있는 사건을 조직 구성원들이 가지고 있는 통합된 가치에 도움이 되는 것으로 이해되는 그저 '재미있는' 사건으로 재구성할 수 있다. ① 유머러스한 사건들을 자세히 반복해서 이야기하면 조직의 핵심 가치를 기반으로 한 결속을 강화시킨다. ② 예를 들어, 한 팀이 대형 쓰레기 수납기 화재에 관한 이야기를 여러 번 반복했는데, 표면적으로는 재미있어 보이지 않았지만, 직장 내 여러 당사자들이 여러 번 이야기를 공유하면서 안전을 위해 동기를 부여하는 직원들의 반응이 웃음을 자아냈다. ③ 또한, 웃음을 유발하는 공유된 사건은 소속감을 나타낼 수 있는데, 이는 그 사건 속의 유머를 이해하려면 '그 자리에 있어야' 하기 때문이다. (④ <u>유머는 사람들의 관심을 쉽게 끌 수 있기 때문에, 광고는 재미있는 표정과 몸짓 같은 유머러스한 요소들을 포함하는 경향이 있다.</u>) 유머의 사례는 조직 구성원들 간의 유대를 형성하는 데 중요한 역할을 하며, 심지어 유머를 이해하는 것은 비공식적인 조직 구성원임을 나타내는 정체성일 수 있다.

LEVEL-UP 어휘 테스트 정답

❶ perhaps — 아마도, 어쩌면
❷ discord — 불화, 다툼, 불협화음
❸ integrated — 통합된, 완전한
❹ organization — 조직, 단체, 구조
❺ repeat — 반복하다, 되풀이하다
❻ strengthen — 강화하다, 튼튼하게 하다
❼ core — 핵심, 중심부, 핵심적인, 가장 중요한
❽ dumpster — 대형 쓰레기 수납기
❾ surface — 표면, 겉, 드러나다
❿ employee — 종업원, 직원

⓫ motivate — 동기를 부여하다
⓬ workplace — 직장, 업무 현장
⓭ laughter — 웃음
⓮ indicate — 나타내다, 보여 주다
⓯ belong — 속하다, 소유물이다
⓰ attention — 관심, 흥미, 주의, 주목
⓱ commercial — 광고 (방송), 상업의
⓲ play a role in — ~에서 역할을 하다
⓳ bond — 유대, 유대감을 형성하다
⓴ informal — 비공식적인, 형식에 얽매이지 않는

2025 출제 기조 전환 적용 문제 ❷ Pen Checking 확인하기

03 다음 글의 흐름상 어색한 문장은?

글의 주제 : 조직 내부에서 유머의 이점

Humor can perhaps reshape an event that can cause discord into just a 'funny' event that is understood to be helpful to the integrated values held by members of the organization. ① **Repeating humorous events** in detail

①번 : 유머러스한 사건을 반복적으로 이야기 → 조직 단합을 강화함

strengthens the **unity based on the core values of the organization.** ② **For example,** a team repeated the story

②번 : ①번 문장에 대한 예시

of a large garbage dumpster fire, which on the surface did not seem funny, but the reaction of employees who

were motivated to stay safe as the story was **shared multiple times by various parties in the workplace drew**

laughter. ③ Also, **a shared event that causes laughter can indicate a sense of belonging** because 'you have to

③번 : 소속감을 유발시키는 유머

be there' to understand the humor in the event. ④ Because humor can easily capture people's attention,

유머는 조직의 구성원들 사이의 유대 형성↗

commercials tend to include humorous elements, such as funny faces and gestures. **An example of humor**

④번 : 광고 해석의 유머의 역할 [글의 주제인 조직내에서 유대감을 형성시키는 유머에 대한 내용이 없음]

plays a role in creating bonds among members of the organization, and even understanding humor can be an

informal identity indicating that you are a member of the organization.

2025 출제 기조 전환 적용 문제 ❸ 풀어보기

04 다음 글의 흐름상 어색한 문장은? 🕐 제한시간 1분 30초

Economics, which assumes that actors engage in utility maximization, provides a framework wherein individuals are considered rational actors who analyze the costs and benefits of leaving a particular region. ① The benefits might include, but are not limited to, short-term and long-term monetary gains, safety, and greater freedom for cultural expression. ② People who expect greater monetary benefits tend to flaunt their social status in the new region by purchasing luxury goods. ③ The costs include moving expenses, the uncertainty of living in a new place, the difficulty of adapting to a different language, the uncertainty of another culture, and significant concerns about living in a new area, along with other psychological factors. ④ Psychological costs related to separation from family and friends and the fear of the unknown should also be considered in the cost-benefit evaluation.

2025 출제 기조 전환 적용 문제 ❸ 분석하기

LEVEL-UP 어휘 테스트

❶ economics _____

❷ assume _____

❸ engage in _____

❹ utility _____

❺ maximization _____

❻ framework _____

❼ wherein _____

❽ rational _____

❾ analyze _____

❿ particular _____

⓫ monetary _____

⓬ expression _____

⓭ flaunt _____

⓮ status _____

⓯ goods _____

⓰ moving expense _____

⓱ uncertainty _____

⓲ adapt _____

CHAPTER 06

전체 지문 해석

행위자들이 효용 극대화에 참여한다고 가정하는 경제학은 개인들이 특정 지역을 떠나는 것에 대한 비용과 편익을 분석하는 합리적인 행위자로 간주되는 틀을 제공한다. ① 그 편익에는 단기 및 장기적인 금전적 이익, 안전, 문화 표현의 더 큰 자유가 포함될 수 있지만 이에 국한되지 않는다. (② 더 큰 금전적 이익을 기대하는 사람들은 새로운 지역에서 사치품을 구입함으로써 사회적 지위를 과시하려는 경향이 있다.) ③ 비용에는 이사 비용, 새로운 장소에서의 생활에 대한 불확실성, 다른 언어에 적응하는 것의 어려움, 다른 문화에 대한 불확실성, 새로운 지역에서 생활에 대한 상당한 걱정 및 다른 심리적 요인들이 포함된다 ④ 가족과 친구와의 이별에 관련된 심리적 비용과 미지에 대한 두려움도 비용-편익 평가에서 고려되어야 한다.

LEVEL-UP 어휘 테스트 정답

❶ economics 경제학

❷ assume 가정[추정]하다, 말다

❸ engage in ~에 참여하다, 관여하다

❹ utility 효용, 유용성

❺ maximization 극대화

❻ framework 틀, 체계

❼ wherein 거기에서, 그 점에서, 어디에서

❽ rational 합리적인, 이성적인

❾ analyze 분석하다

❿ particular 특정한, 특별한

⓫ monetary 금전의, 재정의, 통화의

⓬ expression 표현, 표출

⓭ flaunt 과시하다

⓮ status 지위, 신분

⓯ goods 상품, 제품

⓰ moving expense 이사 비용

⓱ uncertainty 불확실성, 반신반의

⓲ adapt 적응하다, 맞추다, 각색하다

2025 출제 기조 전환 적용 문제 ❸ Pen Checking 확인하기

04 다음 글의 흐름상 어색한 문장은?

Economics, which assumes that actors engage in utility maximization, provides a framework wherein
↳ 글의 주제 : 개인들이 특정 지역을 떠나는 것에 대한 비용과 편익 분석
individuals are considered rational actors who analyze the costs and benefits of leaving a particular region.

① **The benefits might include**, but are not limited to, short-term and long-term monetary gains, safety, and
↳ ①번 : 편익 분석시 고려할 사항
greater freedom for cultural expression. ② People who expect greater monetary benefits tend to flaunt their
↳ ②번 : ~~새로운 지역에서 과시를 위한 지치품 구매~~ [글의 주제인 비용-편익 분석에서 고려할 사항에 대한 언급이 없음]
social status **in the new region by purchasing luxury goods**. ③ **The costs include** moving expenses, the
↳ ③번 : 비용 분석시 고려할 사항
uncertainty of living in a new place, the difficulty of adapting to a different language, the uncertainty of

another culture, and significant concerns about living in a new area, along with other psychological factors.

④ Psychological costs related to separation from family and friends and the fear of the unknown **should also**

be considered in the cost-benefit evaluation.
↳ ④번 : 비용-편익 평가에서 고려 되어야할 추가 사항

05 다음 글의 흐름상 어색한 문장은?

⏱ 제한시간 1분 30초

When an animal in the wild faces a conflict between attacking an unfamiliar opponent and fleeing, it lacks sufficient information to make an immediate decision. ① If the opponent appears strong, the optimal decision would be to retreat immediately and avoid the risk of injury. ② However, if the opponent seems weak and easily defeatable, the animal will choose to fight to gain territory, a mate, or food. ③ In typical situations, animals maintain a very consistent weight and regularly patrol their territory. ④ By spending a bit more time gathering information about the opponent, the animal will try to make the best possible choice for itself. Animals are generally considered to have this additional information-gathering or "assessment" capability.

CHAPTER

06

2025 출제 기조 전환 적용 문제 ❹ 분석하기

LEVEL-UP 어휘 테스트

❶ conflict
❷ attack
❸ unfamiliar
❹ opponent
❺ flee
❻ sufficient
❼ appear
❽ optimal
❾ retreat
❿ injury

⑪ defeatable
⑫ territory
⑬ mate
⑭ maintain
⑮ consistent
⑯ weight
⑰ patrol
⑱ gather
⑲ assessment
⑳ capability

전체 지문 해석

야생에서 동물이 낯선 상대와 싸우는 것과 도망치는 것 사이에서 갈등을 겪을 때, 즉각적인 결정을 내리기에 충분한 정보가 부족하다. ① 만약 상대가 강해 보인다면, 최적의 결정은 즉시 물러나서 부상의 위험을 피하는 것이다. ② 그러나 상대가 약해 보이고 쉽게 이길 수 있을 것 같다면, 동물은 영역, 짝, 또는 먹이를 얻기 위해 싸우는 것을 선택할 것이다. (③ 일반적인 상황에서, 동물들은 매우 일정한 체중을 유지하고 정기적으로 자신의 영역을 돌아다닌다.) ④ 상대에 대한 정보를 모으는 데 조금 더 많은 시간을 들임으로써, 동물은 스스로를 위해 가능한 최선의 선택을 하려고 노력할 것이다. 동물들은 일반적으로 이러한 추가적인 정보 수집 또는 "평가" 능력을 가지고 있는 것으로 여겨진다.

LEVEL-UP 어휘 테스트 정답

❶ conflict — 갈등, 충돌, 상충하다
❷ attack — 공격, 공격하다
❸ unfamiliar — 낯선, 익숙지 않은
❹ opponent — 상대, 반대자
❺ flee — 도망하다, 달아나다
❻ sufficient — 충분한
❼ appear — ~처럼 보인다, 나타나다
❽ optimal — 최적의, 최선의
❾ retreat — 물러가다, 후퇴하다, 후퇴
❿ injury — 부상, 상처

⑪ defeatable — 이길 수 있는, 무찌를 수 있는
⑫ territory — 영역, 지역, 구역
⑬ mate — 짝, 짝짓기를 하다
⑭ maintain — 유지하다, 지키다
⑮ consistent — 일정한, 한결같은
⑯ weight — 체중, 무게
⑰ patrol — 돌아다니다, 순찰을 돌다
⑱ gather — 모으다, 수집하다
⑲ assessment — 평가
⑳ capability — 능력, 역량

05 다음 글의 흐름상 어색한 문장은?

When an animal in the wild faces a conflict between attacking an unfamiliar opponent and fleeing, **it lacks**
↱글의 주제 : 동물들이 결정을 내릴 충분한 정보의 부족함
sufficient information to make an immediate decision. ① If the opponent appears strong, **the optimal decision**

would be to retreat immediately and avoid the risk of injury. ② However, if the opponent seems weak and
↳①번 : 후퇴가 최적의 결정임
easily defeatable, **the animal will choose to fight** to gain territory, a mate, or food. ③ In typical situations,
↳②번 : 싸우는 것을 선택
animals maintain a very consistent weight and regularly patrol their territory. ④ By spending a bit more time
↳③번 : 동물들의 일정한 체중 유지와 그들의 영역 순찰[글의 주제인 동물들의 결정에 관한 언급이 없음]
gathering information about the opponent, **the animal will try to make the best possible choice** for itself.
↳④번 : 가능한 최고의 선택을 하려고 노력
Animals are generally considered to have this additional information-gathering or "assessment" capability.

New Trend
단기합격 길라잡이

진가영 영어
단기합격 독해
All In One

07 단일형 문항 ⑤ 문장 삽입

신경향 독해 출제 방향 및 학습 전략 _ □ ✕

☑ 문장 삽입 유형은 쓰기 능력을 간접적으로 평가하기 위한 유형 중 하나로 **좋은 글쓰기를 위해 필요한 통일성**(하나의 단락에 하나의 주제), **일관성**(문장이나 내용이 서로 긴밀하게 구성되어야 한다는 원리), **그리고 응집성**(문장과 문장 사이를 구성하는 여러 요소들 사이의 표면적인 연결 관계)**에 대한 이해도를 평가**한다.

☑ 문장 삽입 유형은 9급 출제 기조 전환 예시 문제를 기준으로 볼 때 **난도가 중간이거나 높은 유형**에 속하며 **한 문제** 출제될 것으로 예상된다.

☑ 문장 삽입 유형 문제는 **주어진 글을 신속히 읽고 글의 소재 및 중심 내용을 파악**한 후, **문장 간의 논리적 관계와 단서들(세부 정보, 연결사, 지시사 등)을 활용**하여 주어진 글이 들어갈 알맞은 위치를 찾는 훈련이 중요하다.

☑ 문장 삽입 유형은 반드시 글의 논리적 구성을 위해 사용되는 **대명사, 지시사, 연결사 등의 단서들에 대한 학습**이 필요하다.

☑ 문장 삽입 유형은 지문 안에 **논리적 단절**이 있는 곳이 주어진 문장이 들어갈 적절한 위치일 가능성이 높으므로 주의한다.

신경향 독해 문제풀이 전략 _ □ ✕

📌 '문장 삽입' 유형 문제 풀이 전략

STEP ① 주어진 문장을 읽기 → 앞과 뒤에 나올 내용을 예측하기

STEP ② 문장과 문장 사이의 연결 관계를 확인 → 논리적 단절 찾기

STEP ③ 주어진 문장 삽입 → 글의 흐름이 자연스러운지 확인하기

찐팁 문장 삽입 유형 문제를 효율적으로 풀기 위한 추가 전략

1. 주어진 문장을 읽을 때 도움되는 전략 3가지
   - 반드시 이 글이 무슨 내용인지 예측하려고 노력하며 읽는다.
   - 연결어가 있으면 연결어의 기능을 상기시켜 주며 논리적 관계를 생각하며 앞뒤에 올 내용을 예측한다.
   - 지시사나 대명사가 있는 경우 지칭하는 대상을 확인한다.
2. 주어진 문장에 단서가 없는 경우에는 최대한 무엇에 관한 내용인지만 파악하고 지문을 확인하면서 주어진 내용과 비슷한 어휘가 나오는 부분에 주의하면서 읽는다.
3. 지문을 직독직해로 꼼꼼하게 해석하기보다는 처음부터 빠르게 읽어가면서 주어진 문장과 비슷한 내용이 자연스럽게 연결되어있는지 확인한다.
   (긍정 + 긍정 / 부정 + 부정)
4. 주어진 문장과 비슷한 어휘가 나온다면 그때부터는 주의해서 읽는다.
5. 주어진 문장을 기준 삼아서 문장과 문장 사이를 읽어 주며 해당 문장이 들어가도 되는지를 확인한다.

2025 출제 기조 전환 예시 문제 **풀어보기**

01 주어진 문장이 들어갈 위치로 가장 적절한 것은?

🕐 제한시간 1분 30초

2025년 출제 기조 전환 예시 문제 17번

> In particular, in many urban counties, air pollution, as measured by the amount of total suspended particles, had reached dangerous levels.

Economists Chay and Greenstone evaluated the value of cleaning up of air pollution after the Clean Air Act of 1970. (①) Before 1970, there was little federal regulation of air pollution, and the issue was not high on the agenda of state legislators. (②) As a result, many counties allowed factories to operate without any regulation on their pollution, and in several heavily industrialized counties, pollution had reached very high levels. (③) The Clean Air Act established guidelines for what constituted excessively high levels of five particularly dangerous pollutants. (④) Following the Act in 1970 and the 1977 amendment, there were improvements in air quality.

2025 출제 기조 전환 예시 문제 분석하기

LEVEL-UP 어휘 테스트

❶ act _____

❷ federal _____

❸ agenda _____

❹ legislator _____

❺ county _____

❻ operate _____

❼ suspend _____

❽ particle _____

❾ constitute _____

❿ excessively _____

⓫ pollutant _____

⓬ amendment _____

전체 지문 해석

경제학자 Chay와 Greenstone은 1970년 청정대기법 이후 대기오염 정화의 가치를 평가했다. ① 1970년 이전에는 대기오염에 대한 연방 정부의 규제가 거의 없었고, 주 의원들의 의제에서 그 문제가 중요하지 않았다. ② 결과적으로, 많은 주들이 오염에 대한 규제 없이 공장들이 가동하는 것을 허용했고, 몇몇 고도로 산업화된 주들에서는 오염이 매우 높은 수준에 도달했다. (③ 특히 많은 도시의 주들에서는 총 부유입자의 양으로 측정되는 대기오염이 위험 수준에 도달했다.) ④ 청정대기법은 무엇이 5가지 특히 위험한 오염물질의 과도하게 높은 수준을 구성하는 지에 대한 지침을 제정했다. 1970년 이 법령과 1977년 개정에 이후에, 대기의 질이 개선이 있었다.

LEVEL-UP 어휘 테스트 정답

❶ act — 법령, 행동, 행동하다

❷ federal — 연방 정부의, 연방제의

❸ agenda — 의제, 안건

❹ legislator — 입법자, 법률 제정자, 의회[국회]의원

❺ county — (자치)주, 군

❻ operate — 가동[작동]하다, 작용하다, 수술하다

❼ suspend — 부유시키다, 매달다, 중지하다, 연기하다

❽ particle — 입자, 조각, 미립자

❾ constitute — ~을 구성하다, 이루다, 설립하다

❿ excessively — 과도하게, 지나치게

⓫ pollutant — 오염 물질, 오염원

⓬ amendment — 개정, 수정

2025 출제 기조 전환 예시 문제 Pen Checking 확인하기

01 주어진 문장이 들어갈 위치로 가장 적절한 것은?

> ↱단서 ① 예시 연결어 : 구체적 설명 → 앞 내용 "오염이 위험한 수준"
> **In particular**, in many urban counties, **air pollution**, as measured by the amount of total suspended
> ↳단서 ② 중심 내용 : "대기오염이 위험한 수준에 도달"
> particles, **had reached dangerous levels**.

Economists Chay and Greenstone evaluated the value of cleaning up of air pollution after the Clean
↳1970년 청정대기법 이후 대기 정화
Air Act of 1970. (①) Before 1970, there was little federal regulation of air pollution, and the issue
↳1970년 전 → 대기 오염 규제 거의 없음(원인)
was not high on the agenda of state legislators. (②) **As a result**, many counties allowed factories
to operate without any regulation on their pollution, and **in several heavily industrialized counties,**
↳(결과) 공장이 규제 없이 가동   ↳(결과) 오염이 높은 수준
pollution had reached very high levels. (③) The Clean Air Act established guidelines for what
↳청정대기법이 지침 제정
constituted excessively high levels of five particularly dangerous pollutants. (④) Following the Act
↳1970년 청정대기법 이후
in 1970 and the 1977 amendment, there were improvements in air quality.

CHAPTER

07

2025 출제 기조 전환 적용 문제 ❶ 풀어보기 |||||||||||||||||||||||||||||||||||||||||||||||||||||||||||||||||||||||||||||||||||||

02 주어진 문장이 들어갈 위치로 가장 적절한 것은?   ⏰ 제한시간 1분 30초

> Rather, happiness is often found in moments when we are most vulnerable, alone, or in pain.

We always look for a feel-good experience by looking for the next holiday, shopping, or food experience. (①) This approach to happiness is relatively recent, and it depends on our ability to fill our lives with material entertainment and to feel that we can control our pain. (②) But through this, we have forgotten that being happy in life is not just about pleasure. (③) Comfort, satisfaction, and achievement have never been a special medicine for happiness. (④) Happiness is on the edge of this experience, and when we get a glimpse of that kind of happiness, it's powerful, brilliant, and intense.

2025 출제 기조 전환 적용 문제 ❶ 분석하기

LEVEL-UP 어휘 테스트

❶ look for _____

❷ approach _____

❸ relatively _____

❹ recent _____

❺ depend on _____

❻ material _____

❼ entertainment _____

❽ forget _____

❾ pleasure _____

❿ comfort _____

⓫ moment _____

⓬ vulnerable _____

⓭ edge _____

⓮ glimpse _____

⓯ brilliant _____

⓰ intense _____

전체 지문 해석

우리는 항상 다음 휴일, 쇼핑, 또는 음식 경험이 있는지 살피면서 기분 좋은 경험을 찾는다. ① 이러한 행복에 대한 접근법은 비교적 최근의 것인데, 그것은 우리의 삶을 물질적인 오락으로 채우고 우리의 고통을 통제할 수 있다고 느끼는 능력에 달려 있다. ② 하지만 이를 통해 우리는 인생에서 행복이 단지 즐거움에 관한 것이 아니라는 것을 잊어버렸다. ③ 안락감, 만족 그리고 성취는 결코 행복을 위한 특효약이었던 적은 한 번도 없었다. (④ 오히려, 행복은 우리가 가장 취약하거나, 혼자이거나, 고통을 겪는 순간에 종종 발견된다.) 행복은 이런 경험의 가장자리에 있으며, 우리가 그런 종류의 행복을 언뜻 볼 때, 그것은 강력하고 눈부시고 강렬하다.

LEVEL-UP 어휘 테스트 | 정답

❶ look for — 찾다, 구하다

❷ approach — 접근, 다가가다

❸ relatively — 비교적, 상대적으로

❹ recent — 최근의

❺ depend on — ~에 달려 있다, ~에 의존하다

❻ material — 물질적인, 재료

❼ entertainment — 오락, 접대, 환대

❽ forget — 잊어버리다, 잊다

❾ pleasure — 즐거움, 기쁨

❿ comfort — 안락, 위로, 위로하다

⓫ moment — 순간, 잠깐

⓬ vulnerable — 취약한, 연약한

⓭ edge — 가장자리, 우세

⓮ glimpse — 언뜻 보다, 깨닫다, 잠깐 봄

⓯ brilliant — 눈부신, 훌륭한, 뛰어난

⓰ intense — 강렬한, 극심한, 진지한

2025 출제 기조 전환 적용 문제 ❶ Pen Checking 확인하기

02 주어진 문장이 들어갈 위치로 가장 적절한 것은?

↱ 단서 ① 앞에 부정어와 잘 쓰이는 연결어 → 앞 내용에 부정어 확인
Rather, happiness is often found in moments when we are most vulnerable, alone, or in pain.
↳ 단서 ② 중심 내용 : "행복은 우리가 힘든 순간에 발견"

We always look for a feel-good experience by looking for the next holiday, shopping, or food experience.
↳ 휴일, 쇼핑, 음식 경험으로부터 오는 즐거움
(①) This approach to happiness is relatively recent, and it depends on our ability to fill our lives with

material entertainment and to feel that we can control our pain. (②) **But** through this, we have forgotten that
↳ 물질적 즐거움   ↳ 역접
being happy in life is not just about pleasure. (③) Comfort, satisfaction, and achievement have **never** been
↳ 행복한 것은 단지 즐거움에 관한 것만은 아님   ↳ 안락감, 만족감, 성취는 행복의 특효약이 아님   ↳ 부정어
a special medicine for happiness. (④) Happiness is on the edge of **this experience**, and when we get a
↳ 제시문에서 언급한 가장 취약하거나, 혼자이거나,
glimpse of **that kind of happiness**, it's powerful, brilliant, and intense.   고통을 겪는 순간
↳ 제시문에서 언급한 행복

03 주어진 문장이 들어갈 위치로 가장 적절한 것은?

제한시간 1분 30초

Specifically, they define a group as two or more people who interact and exert mutual influence on each other.

In everyday life, we tend to see any group of people as a single entity. (①) However, social psychologists use this term more precisely. (②) This mutual interaction or interdependence for a common purpose distinguishes group members from a mere collection of individuals. (③) For example, a group of people who happen to go swimming after work on the same day every week is not defined as a group, whereas students who swim together to train for a competition are a group because they interact with each other. (④) Defining a "team" involves people coming together to achieve a common goal.

CHAPTER

07

2025 출제 기조 전환 적용 문제 ❷ 분석하기

LEVEL-UP 어휘 테스트

❶ entity _____

❷ psychologist _____

❸ precisely _____

❹ define _____

❺ interact _____

❻ exert _____

❼ mutual _____

❽ influence _____

❾ interdependence _____

❿ purpose _____

⓫ distinguish _____

⓬ competition _____

⓭ involve _____

⓮ achieve _____

전체 지문 해석

일상생활에서 우리는 어떤 집단의 사람들을 하나의 독립체로 보는 경향이 있다. ① 그러나 사회 심리학자들은 이 용어를 더 정확하게 사용한다. (② 구체적으로, 그들은 서로 상호 작용하고 서로에게 상호 영향력을 행사하는 둘 이상의 사람들로 집단을 정의한다.) 이러한 상호 작용 또는 공통 목적을 위한 상호 의존이 집단 구성원을 단순한 개인의 집합과 구별한다. ③ 예를 들어, 매주 같은 날에 일을 마치고 우연히 수영하러 가는 사람들의 무리는 집단으로 정의하지 않고, 반면에 대회를 위한 훈련을 하러 함께 수영하러 가는 학생들은 서로 상호 작용하기 때문에 집단이다. ④ "팀"을 정의하는 것은 사람들이 공통 목표를 달성하기 위해 함께 모이는 것을 포함한다.

LEVEL-UP 어휘 테스트 | 정답

❶ entity · 독립체

❷ psychologist · 심리학자

❸ precisely · 정확하게, 정밀하게

❹ define · 정의하다, 규정하다

❺ interact · 상호 작용하다

❻ exert · 행사하다, 가하다

❼ mutual · 상호간의, 서로의

❽ influence · 영향(력), 영향을 미치다

❾ interdependence · 상호 의존

❿ purpose · 목적, 의도

⓫ distinguish · 구별하다, 차이를 보이다

⓬ competition · 대회, 경쟁

⓭ involve · 포함하다, 관련시키다, 참여시키다

⓮ achieve · 달성하다, 성취하다

2025 출제 기조 전환 적용 문제 ❷ Pen Checking 확인하기

03 주어진 문장이 들어갈 위치로 가장 적절한 것은?

> 단서 ① 예시 연결어: 구체적 설명 → 앞 내용 예측 "집단"　　　　단서 ③ 중심 내용: "집단의 정의"
Specifically, they define a group as two or more people who interact and exert mutual influence on each other.
> 단서 ② 대명사: 앞 내용 → "3인칭, 사람, 복수 명사"

In everyday life, we tend to see any group of people as a single entity. (①) **However, social psychologists**
단서 ②에 대명사가 지칭하는 명사
use this term more precisely. (②) **This mutual interaction or interdependence** for a common purpose
> "집단"이라는 용어의 정확한 사용　　　　앞 내용에 역접 또는 대조
distinguishes group members from a mere collection of individuals. (③) **For example**, a group of people
> 단서 ④ 지시사: 앞내용 → 상호 작용과 상호 의존 → 제시문에 언급되고 있는 내용
who happen to go swimming after work on the same day every week is not defined as a group, whereas
> 앞 내용에 대한 구체적 예시
students who swim together to train for a competition are a group because they interact with each other. (④)
> 상호작용을 하기 때문에 집단이 되는 구체적 예시
Defining a "team" involves people coming together to achieve a common goal.
> 공통의 목표를 성취하기 위해 함께하는 사람 → 집단

2025 출제 기조 전환 적용 문제 ❸ 풀어보기 ||||||||||||||||||||||||||||||||||||||||||||||||||||||||||||||||||||||||

04   주어진 문장이 들어갈 위치로 가장 적절한 것은?   🕐 제한시간 1분 30초

> The emergence of literacy and the creation of handwritten scrolls and ultimately handwritten books strengthened the ability to disseminate large and complex ideas with great accuracy.

The printing press greatly enhanced the ability of ideas to replicate themselves. Before the advent of inexpensive printing, ideas could only spread orally, and indeed, they did. (①) This method was powerful but limited the complexity of ideas to what a single person could remember. (②) The spread of ideas through oral transmission was comparable to a global game of telephone. (③) However, the enormous amount of time required to copy scrolls or books by hand limited the speed at which information could spread in this manner. (④) The printing press allowed for the copying of information thousands of times faster, enabling knowledge to spread much more quickly and with greater accuracy than ever before.

2025 출제 기조 전환 적용 문제 ③ 분석하기

LEVEL-UP 어휘 테스트

❶ printing press _____
❷ enhance _____
❸ ability _____
❹ replicate _____
❺ advent _____
❻ inexpensive _____
❼ spread _____
❽ orally _____
❾ complexity _____
❿ transmission _____
⓫ comparable to _____
⓬ emergence _____

⓭ literacy _____
⓮ creation _____
⓯ handwritten _____
⓰ ultimately _____
⓱ strengthen _____
⓲ disseminate _____
⓳ accuracy _____
⓴ enormous _____
㉑ copy _____
㉒ manner _____
㉓ allow _____
㉔ quickly _____

전체 지문 해석

인쇄기는 생각이 스스로를 복제할 수 있는 능력을 크게 향상시켰다. 비용이 적게 드는 인쇄술이 출현하기 전에는 생각은 구두로만 퍼질 수 있었고 실제로 그렇게 퍼졌다. ① 이 방법은 강력했지만 생각의 복잡성을 한 사람이 기억할 수 있는 것으로 제한됐다. ② 구두 전파를 통한 생각의 확산은 전 세계적인 규모의 전화 게임에 필적하였다. (③ 글을 읽고 쓸 줄 아는 능력의 발현과 손으로 쓴 두루마리와 근본적으로 손으로 쓴 책의 창조는 크고 복잡한 생각을 높은 정확도로 전파할 수 있는 능력을 강화했다.) 그러나 손으로 쓴 두루마리나 책을 옮겨적는 데 필요한 막대한 시간은 이 방식으로 정보가 퍼져 나갈 수 있는 속도를 제한했다. ④ 인쇄기는 정보를 수천 배 더 빨리 복사할 수 있도록 가능하게 하여 지식이 그 어느 때보다 훨씬 더 빠르게 정확하게 퍼져 나갈 수 있게 했다.

LEVEL-UP 어휘 테스트 정답

❶ printing press — 인쇄기
❷ enhance — 향상시키다, 높이다
❸ ability — 능력, 재능
❹ replicate — 복제하다
❺ advent — 출현, 도래
❻ inexpensive — 비싸지 않은
❼ spread — 퍼지다, 확산되다
❽ orally — 구두로
❾ complexity — 복잡성
❿ transmission — 전파, 전달
⓫ comparable to — ~에 필적하는
⓬ emergence — 발현, 출현

⓭ literacy — 글을 읽고 쓸 줄 아는 능력
⓮ creation — 창조
⓯ handwritten — 손으로 쓴
⓰ ultimately — 근본적으로, 궁극적으로, 결국
⓱ strengthen — 강화하다, 강력해지다
⓲ disseminate — 전파하다, 퍼뜨리다
⓳ accuracy — 정확도, 정확(성)
⓴ enormous — 막대한, 거대한
㉑ copy — 복사하다, 베끼다
㉒ manner — 방식, 태도
㉓ allow — 허락하다, 가능하게 하다
㉔ quickly — 빠르게, 빨리

CHAPTER 07

04 주어진 문장이 들어갈 위치로 가장 적절한 것은?

The emergence of literacy and the creation of handwritten scrolls and ultimately handwritten books
↳ 단서 ① 중심 내용 : "문자의 등장과 필사가 생각의 정확한 전파를 가능하게 함[필사의 이점]"
strengthened the ability to disseminate large and complex ideas with great accuracy.

The printing press greatly enhanced the ability of ideas to replicate themselves. Before the advent of

inexpensive printing, ideas could only spread orally, and indeed, they did. (①) **This method** was powerful
구전으로 전파된 생각   앞에 나온 구전으로 생각을 전파하는 방법을 가리킴 ↲

but limited the complexity of ideas to what a single person could remember. (②) The spread of ideas

through oral transmission was comparable to a global game of telephone. (③) **However**, the enormous
구전 전파   단서 ② 역접과 대조의 연결어 → 앞 내용 "필사의 이점" ↲

amount of time required to copy scrolls or books by hand limited the speed at which information could spread
↳ 필사의 문제점 : 제한된 속도

in this manner. (④) The printing press allowed for the copying of information thousands of times faster,
↳ 해결책 : 인쇄기가 정보를 수천 배 빠르게 복사

enabling knowledge to spread much more quickly and with greater accuracy than ever before.

---

05 주어진 문장이 들어갈 위치로 가장 적절한 것은?   ⏰ 제한시간 1분 30초

Since robots excel at performing highly repetitive simple tasks, replaced human workers should be moved to positions requiring judgment and decision-making beyond the robots' capabilities.

Introducing robots into a factory can provoke anxiety and fear as human employment decreases, and it is the responsibility of management to prevent or at least alleviate these fears. For example, robots can be introduced only in new factories instead of replacing humans on existing assembly lines. (①) Workers should be involved in planning new factories or introducing robots to existing ones, allowing them to participate in the process. (②) While robots may be necessary to lower manufacturing costs and keep the company competitive, plans for such cost reductions should be a joint effort between labor and management. (③) Re-training current employees for new positions within the company can also significantly reduce the fear of layoffs. (④)

2025 출제 기조 전환 적용 문제 ④ 분석하기

LEVEL-UP 어휘 테스트

❶ introduce
❷ factory
❸ provoke
❹ anxiety
❺ employment
❻ decrease
❼ responsibility
❽ management
❾ prevent
❿ least
⓫ alleviate
⓬ replace

⓭ existing
⓮ assembly line
⓯ manufacture
⓰ competitive
⓱ reduction
⓲ joint
⓳ position
⓴ layoff
㉑ excel
㉒ repetitive
㉓ judgment
㉔ decision-making

전체 지문 해석

공장에 로봇을 도입하는 것은 인간 고용이 줄어들면서 불안과 두려움을 불러일으키는데, 이러한 두려움을 예방하거나 최소한으로 완화하는 것은 경영진의 책임이다. 예를 들어, 기존 생산 라인에서 인간을 대체하는 대신 로봇을 새로운 공장에만 도입할 수 있다. ① 노동자들은 새로운 공장을 계획하거나 기존의 공장에 로봇을 도입하는 과정에 포함되어야 하는데, 그렇게 함으로써 그들이 이 과정에 참여할 수 있도록 해야 한다. ② 로봇은 제조비를 낮추고 회사의 경쟁력을 유지하기 위해 필요할 수 있지만, 이러한 비용 감소를 위한 계획은 노사 간의 공동 노력으로 이루어져야 한다. ③ 현재 직원들을 회사 내의 새로운 직책으로 재교육시키는 것도 해고에 대한 두려움을 크게 줄일 수 있다. (④ 로봇은 매우 반복적인 단순 작업을 수행하는 데 뛰어나기 때문에 대체된 인간 노동자들은 로봇의 능력을 넘어선 판단과 의사결정이 필요한 직책으로 이동해야 한다.)

LEVEL-UP 어휘 테스트 정답

❶ introduce — 도입하다, 소개하다
❷ factory — 공장
❸ provoke — 불러일으키다, 유발하다, 화나게 하다
❹ anxiety — 불안, 걱정거리, 열망
❺ employment — 고용, 취업, 직장
❻ decrease — 줄다, 감소하다, 감소, 하락
❼ responsibility — 책임, 의무
❽ management — 경영진, 경영, 관리
❾ prevent — 예방하다, 막다
❿ least — 최소로, 가장 적은
⓫ alleviate — 완화하다
⓬ replace — 대체하다, 대신하다, 교체하다

⓭ existing — 기존의, 현재 사용되는
⓮ assembly line — 생산 라인
⓯ manufacture — 제조하다, 생산하다
⓰ competitive — 경쟁력 있는
⓱ reduction — 감소, 축소
⓲ joint — 공동의, 합동의
⓳ position — 직책, 위치, 입장
⓴ layoff — 해고, 강제 휴업
㉑ excel — 뛰어나다, 탁월하다
㉒ repetitive — 반복적인
㉓ judgment — 판단, 평가, 재판
㉔ decision-making — 의사 결정

05 주어진 문장이 들어갈 위치로 가장 적절한 것은?

↱ 단서 ① 중심 내용 : "대체된 인간노동자 재배치"
Since robots excel at performing highly repetitive simple tasks, **replaced human workers should be moved to positions requiring judgment and decision-making beyond the robots' capabilities**.

Introducing robots into a factory can provoke anxiety and fear as human employment decreases, and it is the responsibility of management to prevent or at least alleviate these fears. **For example**, robots can be introduced
↳ 단서 ② 예시 연결어 : 추가의 연결어(also)보다 주로 더 먼저 쓰임
only in new factories instead of replacing humans on existing assembly lines. (①) Workers should be
↳ 로봇이 인간을 대체하는 것 대신 신규 공장에 투입   노동자는 신규 공장 계획 등에 포함되어야 함.
involved in planning new factories or introducing robots to existing ones, allowing them to participate in the
process. (②) While robots may be necessary to lower manufacturing costs and keep the company competitive, plans for such cost reductions should be a joint effort between labor and management. (③)
↳ 계획은 노사가 연합
Re-training current employees for new positions within the company can **also** significantly reduce the fear of
↳ 근무하는 직원들 재교육 → 새로운 자리에 배치   ↳ 단서 ③ 추가 연결어 : 하나의 예시가 나오고
layoffs. (④)   새로운 내용 추가

New Trend
단기합격 길라잡이

진가영 영어
단기합격 독해
All In One

진가영 영어연구소 | cafe.naver.com/easyenglish7

CHAPTER

08 단일형 문항 ⑥ 순서 배열

⭐ 신경향 독해 출제 방향 및 학습 전략 _ ⬜ ✕

☑ 순서 배열 유형은 쓰기 능력을 간접적으로 평가하기 위한 유형 중 하나로 **좋은 글쓰기를 위해 필요한 통일성**(하나의 단락에 하나의 주제), **일관성**(문장이나 내용이 서로 긴밀하게 구성되어야 한다는 원리), **그리고 응집성**(문장과 문장 사이를 구성하는 여러 요소들 사이의 표면적인 연결 관계)**에 대한 이해도를 평가**한다.

☑ 순서 배열 유형은 9급 출제 기조 전환 예시 문제를 기준으로 볼 때 **난도가 중간이거나 높은 유형**에 속하며 **한 문제** 출제될 것으로 예상된다.

☑ 순서 배열 유형은 **예시, 나열, 비교와 대조, 원인과 결과 등 글쓰기에서 사용되는 보편적 글의 구조**를 이해하는 것을 통해 문제 풀이의 속도와 정확성을 키워야 한다.

☑ 순서 배열 유형은 **주어진 글을 신속히 읽고 글의 소재 및 중심 내용을 파악**한 후, **문장 간의 논리적 관계와 단서들**(세부 정보, 연결사, 지시사 등)**을 활용**하여 글의 적절한 순서를 고르는 연습을 해야 한다.

⭐ 신경향 독해 문제풀이 전략 _ ⬜ ✕

📌 '순서 배열' 유형 문제 풀이 전략

STEP ① 선택지 확인 후 주어진 문장 확인하고 이어질 내용 예측하기

STEP ② (A), (B), (C) 첫 문장 확인 후 주어진 문장과 연결 여부 확인하기

STEP ③ 하나의 순서가 결정된 이후 끝 문장에 집중하며 다음 순서 정하기

찐팁 순서 배열 유형 문제를 효율적으로 풀기 위한 명시적 단서

대명사, 지시사	성과 수가 일치하는 명사가 있는 문장 뒤에 위치
지시 형용사	this 명사, these 명사, that 명사, such 명사 → 앞에 언급하는 명사 확인
역접	but, however, still, yet, nevertheless, even so, rather, instead
대조	on the other hand, in contrast, by contrast
예시	for example, for instance
추가	also, moreover, in addtion, furthermore
비교	likewise, similarly, in the same way
인과	so, therefore, thus, as a result, consequently, hence
기타	일반적인 진술 → 구체적인 진술 / '이름 + 성' → '성' 또는 '이름' some, others → 주로 some이 먼저 언급되고 other가 그 이후 before, after, then, finally, last → 순서 표현

01 주어진 글 다음에 이어질 글의 순서로 가장 적절한 것은?

🕐 제한시간 1분 30초

2025년 출제 기조 전환 예시 문제 18번

Before anyone could witness what had happened, I shoved the loaves of bread up under my shirt, wrapped the hunting jacket tightly about me, and walked swiftly away.

(A) When I dropped them on the table, my sister's hands reached to tear off a chunk, but I made her sit, forced my mother to join us at the table, and poured warm tea.

(B) The heat of the bread burned into my skin, but I clutched it tighter, clinging to life. By the time I reached home, the loaves had cooled somewhat, but the insides were still warm.

(C) I sliced the bread. We ate an entire loaf, slice by slice. It was good hearty bread, filled with raisins and nuts.

① (A) − (B) − (C)

② (B) − (A) − (C)

③ (B) − (C) − (A)

④ (C) − (A) − (B)

2025 출제 기조 전환 예시 문제 분석하기

LEVEL-UP 어휘 테스트

❶ witness _____
❷ shove _____
❸ loaves _____
❹ wrap _____
❺ hunting jacket _____
❻ tightly _____
❼ swiftly _____
❽ burn _____
❾ clutch _____
❿ cling to _____
⓫ by the time _____

⑫ somewhat _____
⑬ tear off _____
⑭ chunk _____
⑮ pour _____
⑯ slice _____
⑰ entire _____
⑱ loaf _____
⑲ hearty _____
⑳ filled with _____
㉑ raisin _____
㉒ nut _____

전체 지문 해석

누군가가 무슨 일이 일어났는지 목격하기 전에 나는 빵 덩어리들을 내 셔츠 아래로 아무렇게나 넣고 헌팅 재킷을 몸에 꽉 감싸 입고 신속하게 걸어 나갔다.

(B) 빵의 열기가 내 피부 안을 태웠지만, 나는 그것을 더 단단히 꽉 움켜잡고 삶에 매달렸다. 집에 도착할 때쯤, 빵 덩어리들은 약간 식었지만 속은 여전히 따뜻했다.

(A) 내가 그것들을 식탁에 떨어뜨릴 때, 내 누나의 손이 다가와 한 덩어리를 찢으려고 했지만 나는 그녀를 앉히고 식탁에 어머니께서 우리와 함께 하도록 했고, 따뜻한 차를 따랐다.

(C) 나는 빵을 잘랐다. 우리는 한 조각 한 조각씩, 빵 한 덩이 전체를 먹었다. 그것은 건포도와 견과류로 가득찬 좋은 푸짐한 빵이었다.

LEVEL-UP 어휘 테스트 정답

❶ witness — 목격하다, 목격자, 증인
❷ shove — 아무렇게나 넣다, 밀치다
❸ loaves — 빵 한 덩이(loaf)의 복수형
❹ wrap — 싸다, 포장하다, 랩, 포장지
❺ hunting jacket — 헌팅 재킷
❻ tightly — 꽉, 단단히, 빽빽이
❼ swiftly — 신속하게, 재빠르게
❽ burn — 태우다, 불에 타다, 화상을 입히다
❾ clutch — (꽉) 움켜잡다
❿ cling to — 매달리다, 고수하다
⓫ by the time — ~할 때쯤, ~할 때까지

⑫ somewhat — 약간, 어느 정도, 다소
⑬ tear off — 찢어내다, 떼어내다, ~을 벗기다
⑭ chunk — 덩어리
⑮ pour — (음료를) 따르다[따라 주다], 붓다
⑯ slice — 자르다, 썰다, 조각, 부분
⑰ entire — 전체의, 전부의
⑱ loaf — 빵 한 덩이, 빈둥거리다
⑲ hearty — 푸짐한, 원기 왕성한, 애정어린, 친절한
⑳ filled with — ~으로 가득찬
㉑ raisin — 건포도
㉒ nut — 견과

2025 출제 기조 전환 예시 문제 Pen Checking 확인하기 |||||||||||||||||||||||||||||||||||||

01 주어진 글 다음에 이어질 글의 순서로 가장 적절한 것은?

Before anyone could witness what had happened, **I shoved the loaves of bread up under my shirt,**
↳ 단서 ① 중심 내용 : 빵을 재킷 안에 꽉 숨겨 도망감
wrapped the hunting jacket tightly about me, and walked swiftly away.

(A) When I dropped **them** on the table, **my sister's** hands reached to tear off a chunk, but I made her
↳ (B)에 나온 the loaves(빵 덩어리들)
sit, forced **my mother** to join us at the table, and poured warm tea.
↳ 식탁 위에 빵을 두고 누나와 엄마와 함께 앉음

(B) **The heat of the bread burned into my skin, but I clutched it tighter, clinging to life**. By the time
↳ 빵의 열기가 뜨거웠지만 그것을 더 꽉 잡음
I reached home, the loaves had cooled somewhat, but the insides were still warm.
↳ 집에 도착

(C) **I sliced the bread. We ate an entire loaf, slice by slice**. It was good hearty bread, filled with
↳ 우리(= 필자, 누나, 엄마)와 함께 빵을 먹음
raisins and nuts.

① (A) − (B) − (C) ② (B) − (A) − (C)

③ (B) − (C) − (A) ④ (C) − (A) − (B)

02 주어진 글 다음에 이어질 글의 순서로 가장 적절한 것은? ⏰ 제한시간 1분 30초

Psychology researchers follow scientific methods to help explain and predict human behavior.

(A) Despite all these challenges in psychology, however, the advantage of the scientific method is that research results are replicable. This means that if the same procedures are followed in repeating the study, it is highly likely that the same results will be obtained.

(B) This often requires compromises, such as examining behavior in a laboratory setting rather than in natural environments, and asking readily available individuals to participate instead of gathering data from a representative sample of the population.

(C) Simply knowing they are being observed can cause people to behave differently than they normally would — in other words, people might give answers that they believe are more socially acceptable rather than their true thoughts.

① (B) − (A) − (C)

② (B) − (C) − (A)

③ (C) − (A) − (B)

④ (C) − (B) − (A)

2025 출제 기조 전환 적용 문제 ① 분석하기

LEVEL-UP 어휘 테스트

① method _____

② predict _____

③ compromise _____

④ laboratory _____

⑤ setting _____

⑥ readily _____

⑦ representative _____

⑧ population _____

⑨ observe _____

⑩ acceptable _____

⑪ challenge _____

⑫ psychology _____

⑬ replicable _____

⑭ procedure _____

전체 지문 해석

심리학 연구자들은 인간의 행동을 설명하고 예측하는 데 도움을 주기 위해 과학적인 방법을 따른다.

(B) 이는 종종 행동을 자연적인 환경이 아닌 실험실 환경에서 행동을 조사하고, 모집단의 대표적인 표본에서 데이터를 수집하는 대신 손쉽게 구할 수 있는 개인들에게 참여를 요청하는 것과 같은 타협을 요구한다.

(C) 단순히 관찰되고 있다는 사실을 아는 것만으로도 사람들이 보통 그들이 행동하는 것과 다르게 행동할 수 있다. 다시 말해, 사람들은 그들의 실제 생각보다 사회적으로 더 받아들여질 수 있다고 믿는 답변을 할 수도 있다.

(A) 이러한 심리학에서의 모든 어려움에도 불구하고, 과학적인 방법의 장점은 연구 결과가 반복 가능하다는 것이다. 이는 같은 절차를 따를 경우 연구를 반복할 때 같은 결과를 얻을 가능성이 매우 높다는 것을 의미한다.

LEVEL-UP 어휘 테스트 정답

① method — 방법

② predict — 예측하다, 예견하다

③ compromise — 타협, 절충, 타협하다, 양보하다

④ laboratory — 실험실

⑤ setting — 환경, 배경

⑥ readily — 손쉽게, 순조롭게, 기꺼이

⑦ representative — 대표적인, 대표(자)

⑧ population — 모집단, 인구

⑨ observe — 관찰하다, 보다, 준수하다

⑩ acceptable — 받아들여지는, 용인되는

⑪ challenge — 어려움, 도전, 문제, 이의를 제기하다

⑫ psychology — 심리학

⑬ replicable — 반복 가능한

⑭ procedure — 절차, 방법

2025 출제 기조 전환 적용 문제 ❶ Pen Checking 확인하기

02 주어진 글 다음에 이어질 글의 순서로 가장 적절한 것은?

Psychology researchers follow scientific methods to help explain and predict human behavior.
↳ 단서 ① 중심 내용 : 인간의 행동을 설명하기 위해 과학적 방법을 따르는 연구자들

(A) Despite all **these challenges** in psychology, **however, the advantage of the scientific method** is that
↳ 단서 ④ 지시사 : 앞 내용 → 어려움들
research results are replicable. This means that if the same procedures are followed in repeating

the study, it is highly likely that the same results will be obtained.
↱ 과학적 방법은 타협을 요구 [어려움 ①]

(B) **This** often requires compromises, such as **examining behavior in a laboratory** setting rather than in
↳ 단서 ② 지시사 : 앞 문장의 내용을 지칭할 수 있음 → 제시문 지칭
natural environments, and **asking readily available individuals to participate** instead of gathering
↳ (C)에 대명사가 지칭하는 명사
data from a representative sample of the population.
↱ 단서 ③ 대명사 : 앞 내용 → 3인칭, 복수, 사람 명사

(C) **Simply knowing they are being observed can cause people to behave differently than they**
↳ 실험 상황에서 사람들이 보통 그들이 하는 행동과 다르게 행동 [어려움 ②]
normally would — in other words, people might give answers that they believe are more socially

acceptable rather than their true thoughts.

① (B) − (A) − (C)   ② (B) − (C) − (A)

③ (C) − (A) − (B)   ④ (C) − (B) − (A)

2025 출제 기조 전환 적용 문제 ❷ 풀어보기 |||||||||||||||||||||||||||||||||||||||||||||||||||||||||||||||||||||

03 주어진 글 다음에 이어질 글의 순서로 가장 적절한 것은? 🕐 제한시간 1분 30초

One of the many roles of the film for the society is that it supports the dominant culture and serves as a means of reproducing it over time.

(A) Bad people are usually punished, and romantic couples almost always end up together despite the obstacles and difficulties they encounter on their way to true love. These idealized aspects that we desire are why we find satisfaction in films.

(B) A simple answer to this question is that films do more than present a two-hour-long public ethics lesson or a lecture on responsible behavior; they also tell stories that we ultimately find satisfying.

(C) However, if all films did was to convey the dominant cultural directives and prescriptions for proper living, one might question why audiences find such films enjoyable.

① (B) − (A) − (C)   ② (B) − (C) − (A)

③ (C) − (A) − (B)   ④ (C) − (B) − (A)

2025 출제 기조 전환 적용 문제 ❷ 분석하기 ⟩ ||||||||||||||||||||||||||||||||||||||||||||||||||||||||||||||

LEVEL-UP 어휘 테스트

❶ dominant   _____

❷ serves as   _____

❸ directive   _____

❹ prescription   _____

❺ question   _____

❻ audience   _____

❼ lecture   _____

❽ ultimately   _____

❾ satisfying   _____

❿ punish   _____

⓫ encounter   _____

⓬ idealized   _____

전체 지문 해석

영화가 사회에서 하는 여러 역할 중 하나는 지배적인 문화를 지지하고 시간이 지나면서 그것을 재생산하는 수단으로의 역할을 한다는 것이다.

(C) 그러나 만약 모든 영화가 지배적인 문화적 지침과 적절한 생활에 대한 처방을 전달하는 것에 그친다면, 관객들이 왜 그러한 영화를 즐기는지 의문을 갖을 수 있다.

(B) 이 질문에 대한 간단한 답은 영화가 단지 두 시간짜리 공공 윤리 강의나 책임 있는 행동에 대한 강의를 제공하는 것 이상을 한다는 것이고, 그것들은 또한 우리가 결국 만족감을 느끼는 이야기를 들려준다.

(A) 나쁜 사람들은 보통 벌을 받고, 연인들은 진정한 사랑으로 찾아가는 과정에서 맞닥뜨리는 장애물과 어려움에도 불구하고 거의 항상 함께 끝맺음을 한다. 우리가 원하는 이러한 이상화된 측면들이 우리가 영화에서 만족감을 느끼는 이유이다.

LEVEL-UP 어휘 테스트 정답

❶ dominant   지배적인, 우세한

❷ serves as   ~의 역할을 하다

❸ directive   지침, 지시

❹ prescription 처방

❺ question   의문을 갖다, 질문하다, 질문, 문제

❻ audience   관객, 청중

❼ lecture   강의, 강의하다

❽ ultimately   근본적으로, 궁극적으로, 결국

❾ satisfying   만족감을 주는, 만족스러운

❿ punish   벌주다, 처벌하다

⓫ encounter   맞닥뜨리다, 접하다, 만남

⓬ idealized   이상화된

03 주어진 글 다음에 이어질 글의 순서로 가장 적절한 것은?

> ↱단서 ① 중심 내용 : 지배적인 문화를 지지하고 재생산하는 역할을 하는 영화
> One of the many **roles of the film for the society is that it supports the dominant culture and serves as a means of reproducing it** over time.

(A) **Bad people are usually punished, and romantic couples almost always end up together** despite the
> ↳ 우리가 만족할 만한 이야기에 대한 구체적 예시

obstacles and difficulties they encounter on their way to true love. These idealized aspects that we

desire are why we find satisfaction in films.
> ↱단서 ③ 지시사 : 앞내용 → 질문

(B) **A simple answer to this question is that films do more** than present a two-hour-long public ethics
> ↳ 영화는 우리가 만족할 만한 이야기를 전달

lesson or a lecture on responsible behavior; **they also tell stories that we ultimately find satisfying**.
> ↳ 영화는 우리가 만족할 만한 이야기를 전달

(C) **However, if all films did was to convey the dominant cultural directives and prescriptions for**
> ↳ 단서 ② 대조 또는 역접 연결어   ↱단서 ③ 지시사 : 앞 내용 → 영화

proper living, one might question why audiences find such films enjoyable.
> ↳ 관객은 왜 그런 영화를 즐겁다고 여길지 질문

① (B) − (A) − (C)

② (B) − (C) − (A)

③ (C) − (A) − (B)

④ (C) − (B) − (A)

2025 출제 기조 전환 적용 문제 ❸ 풀어보기 ||||||||||||||||||||||||||||||||||||||||||||||||||||||||||||||||

04 주어진 글 다음에 이어질 글의 순서로 가장 적절한 것은? ⏰ 제한시간 1분 30초

> A sovereign state is usually defined as a nation where its citizens have the freedom to decide their own affairs without interference from any institution beyond its borders.

(A) As long as a community is bound by the traditions of its ancestors, no citizen can be a full member of that community. Therefore, sovereignty and citizenship necessitate boundaries not only of space but also of time.

(B) Sovereignty and citizenship require freedom from the past just as much as they require freedom from contemporary powers.

(C) However, spatial freedom is only one characteristic of sovereignty. Temporal freedom is equally important, and perhaps more fundamental.

① (A) − (C) − (B)

② (B) − (A) − (C)

③ (B) − (C) − (A)

④ (C) − (B) − (A)

2025 출제 기조 전환 적용 문제 ❸ 분석하기

LEVEL-UP 어휘 테스트

❶ sovereign _____
❷ usually _____
❸ define as _____
❹ affair _____
❺ interference _____
❻ institution _____
❼ border _____
❽ spatial _____

❾ characteristic _____
❿ sovereignty _____
⓫ temporal _____
⓬ fundamental _____
⓭ citizenship _____
⓮ contemporary _____
⓯ necessitate _____
⓰ boundary _____

전체 지문 해석

독립 국가는 일반적으로 그 시민들이 국경을 넘는 어떠한 기관으로부터도 간섭받지 않고 자신들의 일을 스스로 결정할 자유를 가진 국가로 정의된다.
(C) 하지만 공간적 자유는 주권의 단지 한 가지 특징일 뿐이다. 시간적 자유가 동일하게 중요하며 어쩌면 더 근본적일 수도 있다.
(B) 주권과 시민권은 최소한 현대의 권력으로부터의 자유만큼이나 과거로부터의 자유를 필요로 한다.
(A) 공동체가 선조들의 전통에 얽매여 있는 한, 공동체의 어떤 시민도 완전한 구성원이 될 수 없다. 따라서 주권과 시민권은 공간의 경계뿐만 아니라 시간의 경계도 필요로 한다.

LEVEL-UP 어휘 테스트 정답

❶ sovereign — 독립된, 자주적인
❷ usually — 보통, 대개
❸ define as — ~로 정의하다
❹ affair — 일, 사건
❺ interference — 간섭, 방해
❻ institution — 기관, 단체, 협회
❼ border — 국경, 가장자리
❽ spatial — 공간적인
❾ characteristic — 특징, 특질, 특유의
❿ sovereignty — 자주권, 통치권, 자주, 독립
⓫ temporal — 시간의, 현세적인
⓬ fundamental — 근본적인, 핵심적인
⓭ citizenship — 시민권
⓮ contemporary — 현대의, 동시대의
⓯ necessitate — ~을 필요하게 만들다
⓰ boundary — 경계, 한계

2025 출제 기조 전환 적용 문제 ❸ Pen Checking 확인하기

04   주어진 글 다음에 이어질 글의 순서로 가장 적절한 것은?

> ↱단서 ① 중심 내용 : 주권 국가의 일반적 정의 → 공간적 자유
> **A sovereign state is usually defined as a nation where its citizens have the freedom to decide their own affairs without interference from any institution beyond its borders.**

(A) As long as a community is bound by the traditions of its ancestors, no citizen can be a full member of that community. **Therefore, sovereignty and citizenship necessitate boundaries not only**
↳단서 ③ 결과 또는 결론 연결어 : 주권과 시민권은 공간과 시간의 자유 모두 필요
of space but also of time.

(B) **Sovereignty and citizenship require freedom from the past** just as much as they require **freedom**
↳과거와 현재로 부터 자유
from contemporary powers.

(C) **However, spatial freedom is only one characteristic of sovereignty. Temporal freedom is equally**
↳단서 ② 역접 또는 대조 연결어 : 공간적 자유는 한가지 특징에 불과함   ↳시간적 자유 중요
important, and perhaps more fundamental.

① (A) − (C) − (B)   ② (B) − (A) − (C)

③ (B) − (C) − (A)   ④ (C) − (B) − (A)

05 주어진 글 다음에 이어질 글의 순서로 가장 적절한 것은?

제한시간 1분 30초

Research on individuals attempting to resolve significant health issues shows that the majority of respondents report gaining benefits from the adversity they experienced.

(A) As expected, high levels of adversity predicted poor mental health. However, those who faced moderate levels of adversity were healthier than those who experienced little adversity, suggesting that a moderate amount of stress can foster resilience.

(B) Moderate levels of adversity predicted the greatest resilience. Thus, striving to overcome a reasonable amount of stress may help build resilience for facing future stress.

(C) In other words, the adaptation process initiated by stress can lead to personal changes for the better. A study measuring participants' major negative life events found a curvilinear relationship between the adversity experienced in life and mental health.

① (A) − (C) − (B)
② (B) − (C) − (A)
③ (C) − (A) − (B)
④ (C) − (B) − (A)

2025 출제 기조 전환 적용 문제 ❹ 분석하기

LEVEL-UP 어휘 테스트

❶ respondent _____

❷ adversity _____

❸ adaptation _____

❹ initiate _____

❺ measure _____

❻ curvilinear _____

❼ predict _____

❽ moderate _____

❾ suggest _____

❿ foster _____

⓫ resilience _____

⓬ strive _____

⓭ overcome _____

⓮ reasonable _____

전체 지문 해석

중대한 건강 문제를 해결하려고 노력하는 개인들에 대한 연구는 대부분의 응답자가 겪은 역경으로부터 혜택을 얻었다고 보고했다는 것을 보여 준다.

(C) 다시 말해, 스트레스에 의해 시작된 적응 과정은 더 나은 쪽으로의 개인적 변화를 이끌 수 있다. 참가자들의 주요 부정적인 사건을 측정한 연구는 삶에서 경험한 역경과 정신 건강 사이의 곡선형 관계를 발견했다.

(A) 예상대로, 높은 수준의 역경은 정신 건강이 나쁘게 예측되었다. 그러나, 보통 수준의 역경에 직면했던 사람들은 역경을 거의 경험하지 않았던 사람들보다 더 건강했으며, 적당한 양의 스트레스는 회복력을 조성할 수 있음을 시사한다.

(B) 보통 수준의 역경이 가장 큰 회복력을 예측했다. 따라서 적당한 양의 스트레스를 극복하기 위해 노력하는 것은 미래에 스트레스를 직면할 때의 회복력을 기르는 데 도움이 될 수 있다.

LEVEL-UP 어휘 테스트 정답

❶ respondent — 응답자

❷ adversity — 역경

❸ adaptation — 적응, 각색

❹ initiate — 시작하다, 개시하다

❺ measure — 측정하다, 재다

❻ curvilinear — 곡선형의, 곡선으로 이루어진

❼ predict — 예측하다, 예견하다

❽ moderate — 보통의, 중간의

❾ suggest — 시사하다, 제안하다

❿ foster — 조성하다, 양육하다

⓫ resilience — 회복력

⓬ strive — 노력하다, 분투하다

⓭ overcome — 극복하다, 이겨내다

⓮ reasonable — 적당한, 타당한, 합리적인

05 주어진 글 다음에 이어질 글의 순서로 가장 적절한 것은?

Research on individuals attempting to resolve significant health issues shows that the majority of respondents report **gaining benefits from the adversity they experienced.**
↳ 단서 ① 중심 내용 : 역경의 이점

↗ 단서 ② 역접 또는 대조의 연결어

(A) As expected, **high levels of adversity predicted poor mental health.** **However,** those who faced
↳ 높은 수준 역경 → 나쁜 정신 건강
moderate levels of adversity were healthier than those who experienced little adversity, suggesting

that **a moderate amount of stress can foster resilience.**
↳ 적당한 수준의 스트레스 → 회복력 도움

(B) **Moderate levels of adversity predicted the greatest resilience.** Thus, striving to overcome a
↳ 적당한 수준의 역경 → 가장 큰 회복력
reasonable amount of stress may help build resilience for facing future stress.

(C) In other words, **the adaptation process initiated by stress can lead to personal changes for the**
↳ 스트레스로 인한 적응 과정이 더 나은 변화 초래[역경의 이점]
better. A study measuring participants' major negative life events found **a curvilinear relationship**

between the adversity experienced in life and mental health.
↳ 역경과 정신 건강의 곡선 관계

---

① (A) − (C) − (B) ② (B) − (C) − (A)

③ (C) − (A) − (B) ④ (C) − (B) − (A)

New Trend
단기합격 길라잡이

진가영 영어
단기합격 독해
All In One

진가영 영어연구소 | cafe.naver.com/easyenglish7

09 단일형 문항 ⑦ 빈칸 추론

신경향 독해 출제 방향 및 학습 전략 _ ⃞ ✕

☑ 빈칸 추론 유형은 글의 **중심 내용**과 글의 **논리적 흐름**을 고려하여 문맥상 빈칸에 들어갈 가장 적절한 표현을 추론하는 능력을 측정하는 문항이다.

☑ 빈칸 추론 유형은 9급 출제 기조 전환 예시 문제를 기준으로 볼 때 **난도가 중간 또는 높은 유형**에 속하며 **두 문제** 출제될 것으로 예상된다.

☑ 빈칸 추론 유형은 지문을 빠르고 정확하게 읽으면서 **지문의 중심 소재 및 주제문을 찾고**, 이를 바탕으로 **빈칸에 들어갈 적절한 내용을 추론**하는 훈련이 필요하다.

☑ 빈칸 추론 유형은 해당 지문에 **정답과 밀접하게 관련된 단서가 되는 부분이 존재**하는 것이 일반적이므로 글을 읽어 나가면서 빈칸의 **단서가 되는 부분을 찾아 표시**하며 빠르고 정확하게 푸는 연습이 필요하다.

신경향 독해 문제풀이 전략 _ ⃞ ✕

📌 '빈칸 추론' 유형 문제 풀이 전략

STEP ① 지문을 빠르게 읽으며 주제문 확인하기

STEP ② 빈칸에서 요구하는 정보 확인하고 빈칸 앞과 뒤의 문장 내용 확인하기

STEP ③ 빈칸에서 요구하는 정보를 주제문과 빈칸 앞과 뒤의 문장에서 찾고 소거법으로 정답을 선택하기

찐팁 빈칸의 위치에 따른 빈칸 단서의 위치

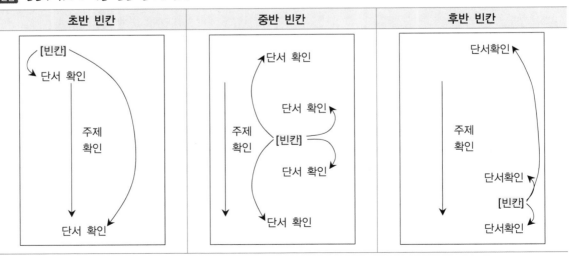

초반 빈칸	중반 빈칸	후반 빈칸

01 밑줄 친 부분에 들어갈 말로 가장 적절한 것은?

제한시간 1분 30초

2025년 출제 기조 전환 예시 문제 19번

Falling fertility rates are projected to result in shrinking populations for nearly every country by the end of the century. The global fertility rate was 4.7 in 1950, but it dropped by nearly half to 2.4 in 2017. It is expected to fall below 1.7 by 2100. As a result, some researchers predict that the number of people on the planet would peak at 9.7 billion around 2064 before falling down to 8.8 billion by the century's end. This transition will also lead to a significant aging of populations, with as many people reaching 80 years old as there are being born. Such a demographic shift _____, including taxation, healthcare for the elderly, caregiving responsibilities, and retirement. To ensure a "soft landing" into a new demographic landscape, researchers emphasize the need for careful management of the transition.

① raises concerns about future challenges

② mitigates the inverted age structure phenomenon

③ compensates for the reduced marriage rate issue

④ provides immediate solutions to resolve the problems

2025 출제 기조 전환 예시 문제 ❶ 분석하기

LEVEL-UP 어휘 테스트

❶ falling _____
❷ fertility rate _____
❸ project _____
❹ result in _____
❺ shrink _____
❻ population _____
❼ nearly _____
❽ expect _____
❾ below _____
❿ predict _____
⓫ around _____
⓬ fall down _____
⓭ transition _____

⓮ lead to _____
⓯ aging _____
⓰ reach _____
⓱ demographic _____
⓲ shift _____
⓳ raise concerns _____
⓴ taxation _____
㉑ elderly _____
㉒ caregiving _____
㉓ retirement _____
㉔ landscape _____
㉕ management _____
㉖ mitigate _____

전체 지문 해석

떨어지는 출산율이 세기말까지 거의 모든 국가의 인구 감소를 야기할 것으로 예상된다. 세계 출산율은 1950년에 4.7명이었지만 2017년에는 거의 절반인 2.4명으로 감소했다. 2100년에는 1.7명 아래로 떨어질 것으로 예상된다. 결과적으로, 일부 연구원들은 지구상의 사람들의 수가 세기말에는 88억 명으로 떨어지기 전에 2064년에 97억 명으로 절정에 달할 것으로 예측한다. 이 전환은 태어나는 수만큼 많은 사람들이 80세에 도달하며 또한 인구의 상당한 고령화로 이어질 것이다. 이러한 인구학적 변화는 세금, 노인 건강관리, 돌봄 책임 및 은퇴를 포함한 <u>미래의 문제에 대한 우려를 제기한다</u>. 새로운 인구의 지형으로의 "부드러운 착륙"을 보장하기 위해 연구원들은 전환의 신중한 관리의 필요성을 강조한다.

LEVEL-UP 어휘 테스트 정답

❶ falling — 떨어지는, 하락하는, 하락, 강하, 추락
❷ fertility rate — 출산율, 출생률
❸ project — 예상하다, 추정하다, 계획하다, 계획, 과제
❹ result in — ~을 야기하다, 그 결과 ~이 되다
❺ shrink — 줄어들다, 오그라들다
❻ population — 인구, 주민
❼ nearly — 거의, 대략
❽ expect — 예상하다, 기대하다
❾ below — 아래에, 밑에
❿ predict — 예측하다, 예견하다
⓫ around — 약, 쯤, 주위에, 사방에
⓬ fall down — 떨어지다, 무너지다
⓭ transition — 전환, 이행

⓮ lead to — ~로 이어지다
⓯ aging — 고령화, 노령화, 노화
⓰ reach — ~에 이르다, 도달하다, 거리, 범위
⓱ demographic — 인구 통계학적인, 인구학의, 인구의
⓲ shift — 변화, 옮기다, 이동하다
⓳ raise concerns — 우려를 제기하다
⓴ taxation — 조세
㉑ elderly — 노인, 어르신들, 나이가 지긋한
㉒ caregiving — 돌봄, 부양
㉓ retirement — 은퇴, 퇴직
㉔ landscape — 지형, 풍경
㉕ management — 관리, 경영, 운영
㉖ mitigate — 완화하다, 진정시키다

01 밑줄 친 부분에 들어갈 말로 가장 적절한 것은?

Falling fertility rates are projected to result in shrinking populations for nearly every country by the
↳ 글의 주제: 인구 감소
end of the century. The global fertility rate was 4.7 in 1950, but it dropped by nearly half to 2.4 in

2017. It is expected to fall below 1.7 by 2100. As a result, some researchers predict that the number

of people on the planet would peak at 9.7 billion around 2064 before falling down to 8.8 billion by
⤴ 이런 변화 → 상당한 노인 인구 초래[문제점]
the century's end. **This transition will also lead to a significant aging of populations**, with as many
이러한 인구학적 변화 → 앞에 나온 문제를 가리키므로 부정적 내용이 빈칸에 들어갈 정보 ↰
people reaching 80 years old as there are being born. **Such a demographic shift** _____,

including taxation, healthcare for the elderly, caregiving responsibilities, and retirement. To ensure a
↳ 세금, 노인 건강 관리, 돌봄 책임, 은퇴 → 부정적 내용
"soft landing" into a new demographic landscape, **researchers emphasize the need for careful**
↳ 빈칸에서 언급된 문제점에 대한 해결책
management of the transition.

① raises concerns about future challenges
미래의 문제에 대한 우려를 제기한다

② mitigates the ~~inverted age structure~~ phenomenon
뒤집힌 연령 구조 현상을 완화한다

③ compensates for ~~the reduced marriage~~ rate issue
감소한 결혼율 문제를 보상한다

④ provides ~~immediate solutions~~ to resolve the problems
문제 해결을 위한 즉각적인 해결책을 제공한다

02 밑줄 친 부분에 들어갈 말로 가장 적절한 것은?

제한시간 1분 30초

2025년 출제 기초 전환 예시 문제 20번

Many listeners blame a speaker for their inattention by thinking to themselves : "Who could listen to such a character? Will he ever stop reading from his notes?" The good listener reacts differently. He may well look at the speaker and think, "This man is incompetent. Seems like almost anyone would be able to talk better than that." But from this initial similarity he moves on to a different conclusion, thinking "But wait a minute. I'm not interested in his personality or delivery. I want to find out what he knows. Does this man know some things that I need to know?" Essentially, we "listen with our own experience." Is the speaker to be held responsible because we are poorly equipped to comprehend his message? We cannot understand everything we hear, but one sure way to raise the level of our understanding is to _____.

① ignore what the speaker knows

② analyze the character of a speaker

③ assume the responsibility which is inherently ours

④ focus on the speaker's competency of speech delivery

2025 출제 기조 전환 예시 문제 ❷ 분석하기

LEVEL-UP 어휘 테스트

① blame _____
② inattention _____
③ to oneself _____
④ note _____
⑤ react _____
⑥ differently _____
⑦ may well _____
⑧ incompetent _____
⑨ able _____
⑩ initial _____
⑪ similarity _____
⑫ move on _____

⑬ conclusion _____
⑭ personality _____
⑮ delivery _____
⑯ find out _____
⑰ essentially _____
⑱ speaker _____
⑲ responsible _____
⑳ equip _____
㉑ comprehend _____
㉒ raise _____
㉓ assume _____
㉔ inherently _____

전체 지문 해석

많은 청자들은 "누가 그런 등장인물의 말을 들을 수 있을까? 그가 그의 메모들로부터 읽는 것을 언제 멈출 수 있을까?"라고 혼자 생각함으로써 그들의 부주의에 대해 화자를 비난한다. 좋은 청자는 다르게 반응한다. 그는 화자를 보고 "이 남자는 무능하다. 거의 누구나 그것보다 더 잘 말할 수 있을 것 같다"고 생각할 것이다. 그러나 이러한 초기의 유사성으로부터 그는 다른 결론으로 넘어가면서 생각한다. "하지만 잠시만. 나는 그의 성격이나 전달력에 관심이 없어. 나는 그가 무엇을 알고 있는지 알고 싶어. 이 남자는 내가 알아야 할 것들을 알고 있나?" 근본적으로, 우리는 "우리 자신의 경험으로 듣는다." 우리가 그의 메시지를 이해할 수 있는 능력이 잘못 갖춰져 있기 때문에 화자에게 책임이 있는가? 우리가 듣는 모든 것을 이해할 수는 없지만, 우리의 이해 수준을 높일 수 있는 한 가지 확실한 방법은 본질적으로 우리의 것인 책임을 지는 것이다.

LEVEL-UP 어휘 테스트 정답

① blame 비난하다, ~을 탓하다, 비난, 책임
② inattention 부주의, 태만, 무관심
③ to oneself 혼자
④ note 메모, 음표, 기록, 주목하다, 언급하다
⑤ react 반응하다, 반응을 보이다
⑥ differently 다르게, 달리
⑦ may well 아마 ~일 것이다, 무리가 아니다, 당연하다
⑧ incompetent 무능한, 쓸모없는
⑨ able 할 수 있는, 유능한
⑩ initial 초기의, 처음의
⑪ similarity 유사성, 닮음
⑫ move on ~로 넘어가다, 이동하다

⑬ conclusion 결론, 판단, 결말
⑭ personality 성격, 인격, 개성
⑮ delivery 전달, 발표, 배달, 출산
⑯ find out ~을 알아내다, 알게 되다
⑰ essentially 근본적으로, 기본적으로, 본질적으로
⑱ speaker 화자, 발표자, 연설가
⑲ responsible ~에 대해 책임이 있는, ~의 원인이 되는
⑳ equip 갖추다, 차려입게 하다
㉑ comprehend 이해하다, 파악하다, 포함하다, 의미하다
㉒ raise 높이다, 올리다, 일으키다, 제기하다
㉓ assume (책임을) 지다, (권력을) 쥐다, (역할을) 맡다, 추정하다, 띠다
㉔ inherently 본질적으로, 선천적으로

02 밑줄 친 부분에 들어갈 말로 가장 적절한 것은?

Many listeners blame a speaker for their inattention by thinking to themselves : "Who could listen to such a character? Will he ever stop reading from his notes?" **The good listener reacts differently**. He may well look at the speaker and think, "This man is incompetent. Seems like almost anyone would be able to talk better than that." But from this initial similarity he moves on to a different conclusion, thinking "But wait a minute. I'm not interested in his personality or delivery. I want to find out what he knows. Does this man know some things that I need to know?" **Essentially, we "listen with our own experience." Is the speaker to be held responsible because we are poorly equipped to comprehend his message? We cannot understand everything we hear, but one sure way to raise the level of our understanding is to** _____.

① ignore what the speaker knows
화자가 알고 있는 것을 무시하다

② analyze the character of a speaker
화자의 성격을 분석하다

③ assume the responsibility which is inherently ours
본질적으로 우리의 것인 책임을 지다

④ focus on the speaker's competency of speech delivery
화자의 말 전달 능력에 집중하다

03 밑줄 친 부분에 들어갈 말로 가장 적절한 것은?   ⏰ 제한시간 1분 30초

In situations of art appreciation, active participation is _____. Watching movies, viewing sculptures, and listening to music intentionally place the audience in a relationship with the artwork that prevents them from influencing the artwork in an unrestricted manner. There are many responses that people exhibit in art appreciation situations, such as reaching out to touch a sculpture, laughing or crying while watching a movie, or tapping their feet or fingers to music. These reactions are often regulated by specific conventions, such as "Do not touch" signs at exhibitions or the socially enforced silence and stillness in concert halls. The interference or cessation of interaction between the audience and the artwork is, of course, culturally specific. It is extreme in certain 'high' art forms in the Western world.

① planned by audiences themselves

② encouraged for performance

③ criticized for social relationships

④ socially blocked or transformed

2025 출제 기조 전환 적용 문제 ❶ 분석하기

LEVEL-UP 어휘 테스트

❶ appreciation
❷ participation
❸ transform
❹ sculpture
❺ intentionally
❻ prevent
❼ restrict
❽ exhibit
❾ reach out to

❿ regulated
⓫ convention
⓬ exhibition
⓭ silence
⓮ stillness
⓯ remnant
⓰ interference
⓱ cessation
⓲ extreme

전체 지문 해석

예술 감상의 상황에서는 적극적인 참여는 사회적으로 차단되거나 변형된다. 영화를 보거나 조각품을 보거나 음악을 듣는 것은 의도적으로 관객을 예술작품과 관계에 놓이게 하여, 그들이 제한 없이 예술 작품에 영향을 미치는 것을 막는다. 조각품을 만지기 위해 손을 뻗거나, 영화를 보면서 웃거나 울거나, 음악에 맞춰 발이나 손가락을 두드리는 등 예술 감상 상황에서 보여주는 반응들이 많다. 이러한 반응들은 전시회에서 '만지지 마시오' 표지판이나, 콘서트 홀에서의 사회적으로 강요되는 침묵과 정적과 같은 특정 관례에 의해 종종 규제된다. 관객과 작품 사이의 상호작용의 방해 또는 중단은, 물론 문화적으로 특수하다. 이는 서구 세계의 특정 '고급' 예술 형태에서 극단적이다.

LEVEL-UP 어휘 테스트 정답

❶ appreciation 감상, 감사
❷ participation 참여, 참가
❸ transform 변형시키다, 변하게 하다
❹ sculpture 조각(품)
❺ intentionally 의도적으로, 고의로
❻ prevent 막다
❼ restrict 제한하다, 금지하다
❽ exhibit 보이다, 드러내다, 전시하다
❾ reach out to (손 등을) 뻗다, ~에게 접근하다

❿ regulated 규제된, 통제된
⓫ convention 관례, 관습
⓬ exhibition 전시회
⓭ silence 침묵, 고요
⓮ stillness 정적, 고요
⓯ remnant 흔적, 나머지, 남은 부분
⓰ interference 방해, 간섭, 개입
⓱ cessation 중단, 중지
⓲ extreme 극도의, 극심한, 심각한

2025 출제 기조 전환 적용 문제 ❶ Pen Checking 확인하기

03 밑줄 친 부분에 들어갈 말로 가장 적절한 것은?

> ↗빈칸 바로 뒤에 나온 설명을 통해 적극적 참여가 차단됨을 추론할 수 있음
>
> **In situations of art appreciation, active participation is _____. Watching movies, viewing sculptures, and listening to music intentionally place the audience in a relationship with the artwork**
> ↳ 예술 감상은 관객이 예술 작품에 영향을 미치는 것을 막음
> **that prevents them from influencing the artwork in an unrestricted manner.** There are many responses that people exhibit in art appreciation situations, such as reaching out to touch a sculpture, laughing or crying while watching a movie, or tapping their feet or fingers to music. These reactions are often regulated by specific conventions, such as "Do not touch" signs at exhibitions or the socially enforced silence and stillness in concert halls. **The interference or cessation of interaction between the audience and the artwork is, of course, culturally specific.** It is extreme in certain 'high' art forms in the
> ↳ 관객과 작품 사이의 방해나 중단은 문화적으로 특수함 → 문화마다 다름 → 빈칸에 들어갈 또 다른 정보 → 변형
> Western world.

① planned by audiences themselves
청중들에 의해 직접 계획된

② encouraged for performance
공연을 위해 장려된

③ criticized for social relationships
사회적 관계로 비난받는

④ socially blocked or transformed
사회적으로 차단되거나 변형된

04 밑줄 친 부분에 들어갈 말로 가장 적절한 것은? ⏰ 제한시간 1분 30초

If service organizations want to achieve a competitive advantage, they must _____.
Customer service is like a baseball game; to hit a home run, you need an excellent team. Advertising and marketing get you to first base, and good products can get you to second and third base. However, to bring customers home and keep them coming back, you need to provide a higher level of service that impresses them. Service organizations must turn their attention to their employees if they want to satisfy customers. The need to focus on service workers becomes evident when considering that hotels and restaurants spend billions on advertising only to lose customers due to poor service experiences.

① put their employees first

② invest in high-quality items

③ evaluate their market position

④ reduce the number of employees

2025 출제 기조 전환 적용 문제 ❷ 분석하기

LEVEL-UP 어휘 테스트

❶ organization _____

❷ competitive _____

❸ employee _____

❹ advertising _____

❺ customer _____

❻ impress _____

❼ attention _____

❽ satisfy _____

❾ focus on _____

❿ evident _____

⓫ spend _____

⓬ billion _____

전체 지문 해석

서비스 조직이 경쟁 우위를 달성하고자 한다면, 그들은 그들의 직원들을 최우선으로 두어야 한다. 고객 서비스는 야구 경기와 같아서, 훈련을 치기 위해서는 훌륭한 팀이 필요하다. 광고와 마케팅은 1루에까지 도달하게 하고, 좋은 제품은 2루와 3루까지 가게 할 수 있다. 그러나 고객을 홈으로 데려오고 그들이 다시 찾아오게 하려면, 그들에게 감동을 주는 더 높은 수준의 서비스를 제공해야 한다. 서비스 조직들은 고객을 만족시키고 싶다면 그들의 직원들에게 관심을 돌려야 한다. 호텔과 레스토랑이 광고에 수십억 달러를 쓰고도 형편없는 서비스 경험 때문에 고객들을 잃는 것을 고려할 때 서비스 직원들에게 초점을 맞춰야 하는 필요성은 분명하다.

LEVEL-UP 어휘 테스트 정답

❶ organization 조직, 단체

❷ competitive 경쟁을 하는, 경쟁력 있는

❸ employee 직원, 종업원

❹ advertising 광고

❺ customer 고객, 손님

❻ impress 감동을 주다, 깊은 인상을 주다

❼ attention 관심, 흥미, 주의, 주목

❽ satisfy 만족시키다, 집중하다

❾ focus on ~에 초점을 맞추다

❿ evident 분명한, 눈에 띄는

⓫ spend ~에 (돈을) 쓰다, (시간을) 보내다

⓬ billion 10억

2025 출제 기조 전환 적용 문제 ❷ Pen Checking 확인하기 |||||||||||||||||||||||||||||||||||||||||||||||||||||||||||||||

04 밑줄 친 부분에 들어갈 말로 가장 적절한 것은?

If service organizations want to achieve a competitive advantage, they must _____.

↳ 글의 주제문에서 고객의 만족을 위해서는 직원들에게 관심을 두어야 한다는 내용을 통해 빈칸에 들어갈 정보는 직원과 관련된 내용임을 알 수 있음

Customer service is like a baseball game; to hit a home run, you need an excellent team. Advertising and marketing get you to first base, and good products can get you to second and third base.

↳ 글의 주제 : 고객의 만족을 위해서는 직원들에게 관심을 두어야 함

However, to bring customers home and keep them coming back, you need to provide a higher level of service that impresses them. Service organizations must turn their attention to their employees if they want to satisfy customers. **The need to focus on service workers becomes evident** when considering that hotels and restaurants spend billions on advertising only to lose customers due to poor service experiences.

---

① put their employees first

　　직원들을 최우선으로 하다

② invest in high-quality items

　　고품질 품목에 투자하다

③ evaluate their market position

　　그들의 시장 위치를 평가하다

④ reduce the number of employees

　　직원 수를 줄이다

05 밑줄 친 부분에 들어갈 말로 가장 적절한 것은?　　　　　제한시간 1분 30초

One obstacle that new writers face when starting a story is the belief that they need to know where the story is going and how it will end before they even begin. However, this is not true. If you start with real characters and real situations, something is bound to happen. Therefore, you don't need to know what that something is before you begin. In fact, it might be better if you don't. Just as traveling an unfamiliar road allows you to see new scenery, writing a story will lead you to unexpected events waiting to be discovered. When writing a story, you can assemble your thoughts, anecdotes, and supporting details into a naturally flowing narrative. Therefore, remember that writing is a process of _____.

① discovering what you want to say

② restating the situation in the story

③ thinking through the pros and cons

④ clarifying your emotions into your writing

2025 출제 기조 전환 적용 문제 ❸ 분석하기 ☞

LEVEL-UP 어휘 테스트

❶ obstacle   _____

❷ character   _____

❸ bound   _____

❹ unfamiliar   _____

❺ scenery   _____

❻ unexpected   _____

❼ assemble   _____

❽ anecdote   _____

❾ narrative   _____

❿ process   _____

전체 지문 해석

새 작가들이 이야기를 시작할 때 직면하는 하나의 장애물은 그것이 시작하기도 전에 이야기가 어디로 가고 어떻게 끝날지 알아야 한다는 믿음이다. 그러나 그것은 사실이 아니다. 만약 당신이 실제 등장인물과 실제 상황에서 시작한다면 반드시 무슨 일이 일어나게 된다. 따라서 시작하기 전에 그 무언가가 무엇인지 알 필요는 없다. 사실, 당신이 모른다면 더 나을지도 모른다. 마치 낯선 길을 여행하는 것이 새로운 풍경을 볼 수 있게 해주는 것처럼, 이야기를 쓰는 것은 발견되기를 기다리는 예상치 못한 사건들로 당신들을 이끌 것이다. 이야기를 쓸 때 당신의 생각, 일화 그리고 뒷받침하는 세부사항을 자연스럽게 흐르는 이야기로 모을 수 있다. 따라서 글쓰기는 <u>당신이 하고 싶은 말을 발견하는</u> 과정이라는 것을 기억해라.

LEVEL-UP 어휘 테스트 정답

❶ obstacle   장애물

❷ character   등장인물, 성격, 특징

❸ bound   의무가 있는, ~행의

❹ unfamiliar   낯선, 익숙지 않은

❺ scenery   풍경, 경치

❻ unexpected   예상치 못한, 뜻밖의

❼ assemble   모으다, 집합시키다

❽ anecdote   일화, 개인적인 진술

❾ narrative   이야기, 묘사, 서술

❿ process   과정, 절차, 처리하다

05 밑줄 친 부분에 들어갈 말로 가장 적절한 것은?

> One obstacle that new writers face when starting a story is the belief that they need to know where
> 글의 주제 : 이야기를 시작할 때 이야기의 방향과 결말을 알아야 하는 것은 아님
> the story is going and how it will end before they even begin. **However, this is not true.** If you start
> with real characters and real situations, something is bound to happen. **Therefore, you don't need to**
> **know what that something is before you begin.** In fact, it might be better if you don't. Just as
> traveling an unfamiliar road allows you to see new scenery, **writing a story will lead you to**
> 이야기를 쓰는 것은 발견되기를 기다리는 예기치 않는 사건들로 당신을 이끔
> **unexpected events waiting to be discovered. When writing a story, you can assemble your thoughts,**
> **anecdotes, and supporting details into a naturally flowing narrative. Therefore, remember that writing**
> 주제와 맥락을 고려해보면 빈칸에 들어갈 내용은 글쓰기는 알고 쓰는 것이 아니라 발견하는 과정임을 알 수 있음
> **is a process of** _____.

① discovering what you want to say
당신이 말하고 싶은 것을 발견하는

② restating the situation in the story
이야기 속에서 상황을 재진술하는

③ thinking through the pros and cons
장단점을 통해 생각하는

④ clarifying your emotions into your writing
당신의 감정을 글로 명확히 표현하는

진가영

주요 약력

現) 박문각 공무원 영어 온라인, 오프라인 대표교수
서강대학교 우수 졸업
서강대학교 영미어문 심화 전공
중등학교 정교사 2급 자격증
단기 공무원 영어 전문 강의(개인 운영)

주요 저서

2025 진가영 영어 신독기 구문독해(박문각)
2025 진가영 영어 신경향 독해 마스터(박문각)
2025 진가영 영어 신경향 어휘 마스터(박문각)
New Trend 진가영 영어 단기합격 문법 All In One(박문각)
New Trend 진가영 영어 단기합격 독해 All In One(박문각)
New Trend 진가영 영어 단기합격 VOCA(박문각)
진가영 영어 기출문제집 문법·어휘(박문각)
진가영 영어 기출문제집 반한다 독해(박문각)
진가영 영어 독해끝판왕[독판왕](박문각)
진가영 영어 문법끝판왕[문판왕](박문각)
진가영 영어 진독기 구문독해 시즌1(박문각)
진가영 영어 단판승 문법 킬포인트 100(박문각)
진가영 영어 단판승 생활영어 적중 70(박문각)
진가영 영어 하프 모의고사(박문각)
2024 박문각 공무원 봉투모의고사(박문각)

진가영 영어 ✧✦ **단기합격 독해** **All In One**

초판 발행 2024. 7. 19. │ **2쇄 발행** 2024. 11. 28. │ **편저자** 진가영
발행인 박 용 │ **발행처** (주)박문각출판 │ **등록** 2015년 4월 29일 제2019-000137호
주소 06654 서울시 서초구 효령로 283 서경 B/D 4층 │ **팩스** (02)584-2927
전화 교재 문의 (02)6466-7202

저자와의
협의하에
인지생략

이 책의 무단 전재 또는 복제 행위를 금합니다.

정가 15,000원
ISBN 979-11-7262-120-9